XINGZHENG QIYUE ZHENGYI
JIEJUE JIZHI YANJIU

行政契约争议
解决机制研究

司伟森◎著

法律出版社
LAW PRESS · CHINA
北京

图书在版编目(CIP)数据

行政契约争议解决机制研究 / 司伟森著. -- 北京 :
法律出版社, 2023
ISBN 978 -7 -5197 -8504 -8

Ⅰ. ①行… Ⅱ. ①司… Ⅲ. ①行政法-契约法-研究
-中国 Ⅳ. ①D922.104

中国国家版本馆 CIP 数据核字(2023)第 209552 号

行政契约争议解决机制研究
XINGZHENG QIYUE ZHENGYI JIEJUE JIZHI YANJIU

司伟森 著

责任编辑 许 睿
装帧设计 鲍龙卉

出版发行 法律出版社
编辑统筹 司法实务出版分社
责任校对 朱轶佳
责任印制 胡晓雅
经　　销 新华书店

开本 710 毫米×1000 毫米 1/16
印张 11　　**字数** 158 千
版本 2023 年 10 月第 1 版
印次 2023 年 10 月第 1 次印刷
印刷 北京虎彩文化传播有限公司

地址:北京市丰台区莲花池西里 7 号(100073)
网址:www.lawpress.com.cn
投稿邮箱:info@lawpress.com.cn
举报盗版邮箱:jbwq@lawpress.com.cn
销售电话:010-83938349
客服电话:010-83938350
咨询电话:010-63939796

书号:ISBN 978-7-5197-8504-8
定价:68.00 元

目　　录

第二编　行政契约典型案例

最高人民法院行政协议典型案例（第二批）

内容摘要

行政契约作为一种新兴的行政管理手段，在现代国家管理中得到了普遍运用。然而，我国法学理论界在行政契约纠纷的解决机制问题上仍存在较大争议。由于我国现行法律法规对行政契约争议的解决路径没有统一规定，从而也导致了司法实践中问题频出。本书在借鉴私法契约争议解决机制理论的同时，结合我国行政契约争议解决机制领域中存在的突出问题，分析和探讨我国行政契约争议解决机制的理论问题，并以此为基础对我国行政契约争议解决的立法和相关制度的完善稍作建言。同时，对英美法系和大陆法系等国家的行政契约争议解决机制进行比较性分析研究，以期能够为我国行政契约争议解决机制问题的进一步深入研究提供些许参考。

现代法学界对行政契约是否存在有广泛的争论。一种意见认为，英美法系国家没有把契约分为民事契约与行政契约，我国法学理论与实践中也不应存在行政契约。另一种意见认为，随着现代福利国家、给付行政等新兴国家目的观的出现，单纯的高权行政已经不能满足行政管理的需要，行政契约作为一种既具有温情弹性、又能让行政相对人乐于接受的管理模式已经得到普遍运用。而且行政契约也是行政主体行使行政权力的一种新型管理方式，与一般民事契约具有明显的区别，不应对此加以否认和忽视。

行政契约作为一种新兴契约，在实际履行中仍存在若干争议，必须对行政契约争议的责任进行细化。首先，若因行政主体在缔约、履行中过分强调行政优益权导致行政契约违约，从而在实际履行中产生争议的，行政主体应当对此承担违约责任。其次，若因行政相对人没有按照行政主体预想的签约目的实施行为，导致行政契约不能正常履行的，行政相对人应当承担违约导致的后果。最后，对于诸如不可抗力、意外事件等原因引发的契约不能履行的争议，行政契约双方应当公平分摊责任。

由于理论与实践中对行政契约存在不同认识，所以行政契约争议解决机制也存在一定程度上的争议。在现实中，我国存在两种并行的解决机制。一种是通过民事争议途径来处理行政契约争议，如协商、调解、仲裁或者民事诉讼；另一种是通过行政争议途径来处理行政契约争议，如行政复议或者行政诉讼。这两种解决机制各有利弊。

行政契约争议存在复杂性和多样性，行政契约争议解决机制也呈现多样化特征。中国特色行政契约争议解决机制应该是梯形结构。首先，可以通过"替代性纠纷解决机制"来解决行政契约争议。可以将民事争议解决机制中的"替代性纠纷解决机制"引入行政契约争议解决领域，通过契约双方当事人自己或者选择各自信任的第三方来解决行政契约争议，这样既可以不伤和气，又可以节省时间和财力。其次，可以通过行政主体的内部解决方式来处理行政契约争议。我国现行《行政复议法》规定，如果行政相对人对行政主体作出的具体行政行为不服，可以向行政复议机关提出改变、撤销违法行政行为的申请。行政复议制度为行政主体在内部解决行政机关违法行政行为提供了自我监督和救济行政相对人权利的途径。实践证明，这一方式是可行的，但也存在一定的问题。笔者建议，在进一步修改《行政复议法》时，把行政契约争议解决机制纳入其中。再次，可以通过司法机关（主要是人民法院）来对行政契约争议进行管辖。对行政契约引发的争议的处理方式，法学界对人民法院是否应当管辖行政契约争议也存在较大分歧。笔者认为，人民法院是解决各种争议的机构，应当对行政契约争议进行管辖。随着社会的进步，我国法治建设不断向前发展，现行《行政诉讼法》在 2014 年修改时把行政协议纳入了行政诉讼的受案范围，完善了行政契约争议解决机制，体现了我国保障公民、法人或者其他组织合法权益的决心和意志。最后，筑牢法律保障，完善第三方参与机制、推动在线争议解决平台建设，加强争议调解机制、提升参与主体的能力和意识，增强信息公开和公众参与，优化行政契约争议解决机制。

【关键词】行政契约　争议解决机制　ADR 机制　行政复议　行政诉讼

引　言

行政契约争议解决机制问题涉及制度建设的难题，我国行政法学界对这方面的探讨相对较少。这并不是因为实践中缺少行政契约争议的案例，而是因为我国民法学者和行政法学者对行政契约的性质界定分歧较大，至今这方面的论战还在继续。虽然，行政契约引发的争议确实存在，但实践中的做法也比较混乱。目前，虽然有不少文章对行政契约问题进行论述，但是对行政契约争议解决机制仍缺乏系统的说明。本书聚焦行政契约争议解决机制的理论和实践问题，采取比较分析与系统分析的方法，对行政契约争议解决机制问题进行初步探讨，从行政契约的基本理论入手，结合实践问题，分析行政契约争议产生的责任、解决争议的现状，并结合两大法系国家在行政契约争议解决机制上的做法，提出构建中国特色行政契约争议解决机制的一些建设性意见，以此抛砖引玉，以冀对行政契约争议解决机制的理论和实践研究提供一定的帮助。

第一编

行政契约的基本理论

第一章　行政契约争议解决机制研究的价值

第一节　行政契约争议解决机制的研究背景及意义

一、行政契约争议解决机制的研究背景

随着社会的发展进步，越来越多的国家和地区在更广泛的领域使用行政契约，行政契约已成为许多国家和地区政府进行行政管理的重要措施或手段。英美法系国家在传统上无公法、私法之划分，存在的是以普通法为本位的政府合同，除有特别规定外一般适用普通法规范。例如，在英国，除非法律另有规定，英国行政机关所签订的合同也受一般合同法即私法规则调整，签订合同一直是英国政府实现其行政目标的传统。因此，英国行政机关签订、履行、解除行政契约的责任一般由民事合同责任法调整，但涉及行政契约的特殊性的责任要受特别法调整。[1] 大陆法系国家在传统上有公法、私法之划分，无论是在理论上还是在司法实践中都将行政机关和公民签订的合同分为私法合同和行政契约。与之相适应，因私法合同产生的争议由普通法院管辖，适用普通的私法规范；因行政契约产生的争议则由独立的行政法院管辖，适用相应的公法规范。[2]

随着社会的不断发展，我国经济体制改革不断深化，现代型政府的职

---

〔1〕 张越编著：《英国行政法》，中国政法大学出版社2004年版，第458页。

〔2〕 参见肖繁正等编译：《西方主要国家行政法　行政诉讼法》，红旗出版社1998年版，第116页。

能不断转变，政府在管理观念、管理方式和管理手段上都发生了巨大的变化，行政契约作为重要的行政手段或措施在各个行政领域大量涌现，并且形式多样、内容丰富。行政契约的运用，在很大程度上提高了行政相对方参与、配合行政管理的积极性，提升了行政管理的有效性，保障了行政管理的顺利实施，促进了我国社会主义市场经济的不断发展。同时在实践中，行政契约的不断应用也导致新类型纠纷不断出现，这些纠纷的解决给我国传统的以单方行政行为为中心建构的法律体系带来了挑战。

行政契约的广泛应用，日益受到我国各界人士的重视。尤其是学界的专家学者们逐渐将行政契约纳入研究范围，甚至作为专门课题，对行政契约理论展开多方面的研究，试图从程序上规范行政契约的应用。但学界对行政契约的界定、主体、性质等一些基本理论问题还存在严重分歧，在行政契约双方出现纠纷后应纳入何种诉讼等诸多问题上尚未达成一致。目前，无论是从学术理论研究的角度来看，还是从相关法律制度建设的实际情况来看，我国行政契约理论及其相关法律制度的建设均呈现滞后性。本书从理论角度探析行政契约的部分理论问题，并从实践的角度分析我国行政契约争议解决机制的部分问题，以期促进我国行政契约争议解决机制的不断完善。

二、行政契约争议解决机制的研究意义

研究行政契约争议的解决机制，在我国现阶段有着以下几方面重要意义。

（一）促进相关法律体系建立健全

目前我国还没有针对行政契约进行专门立法，行政契约及其争议解决机制的法律体系尚不健全，只在个别部门法、国务院各部委的行政法规、部门规章以及最高人民法院的司法解释、有关批复中存在少量可以援用的规定，由此导致在司法实践中行政契约案件的审理标准不统一、可操作性

差，现有的行政契约制度难以充分发挥其作用，被侵权一方行政契约当事人的诉讼权利不能得到有效保护。在行政契约逐渐被行政主体广泛应用的背景下，研究行政契约争议解决机制有利于建立健全行政契约及其争议解决机制的法律体系，保障社会公平正义。

（二）保障行政契约双方的利益实现

行政机关和行政相对人的利益实现均有赖于行政契约的保障。行政主体通过行政契约进行行政管理，最终实现公共利益；行政相对人通过行政契约来获取个人或部门、单位利益，体现其在行政管理中的社会价值。行政契约既满足了行政主体的管理需要，又让行政相对人获得了在普通民事合同中不可能获得的特殊利益。此外，公共利益在一定程度上来源于个人利益，是让渡的个人利益的集合，公共利益的实现能为个人利益的实现创造更好的条件。因此，只有通过研究行政契约争议解决机制来完善行政契约制度，保障行政契约的顺利履行，才能保障行政契约双方的利益共同实现。

（三）提高行政效率、降低行政成本

健全行政契约争议解决机制能够使我国行政契约制度不断完善。在实践中，多数行政契约争议缺乏合法有效的解决途径。极少部分行政契约争议即使进入合法有效的途径，也可能因许多复杂的程序而迟迟得不到解决，从而使行政相对人逐渐丧失解决问题的信心，对行政契约的签订和履行产生抵制情绪。这些问题严重阻碍了行政主体运用行政契约快速实现行政管理的目标，大大降低了行政效率，并相应增加了行政成本。研究并推动行政契约争议解决机制不断完善，可使行政契约争议逐渐得以妥善解决，从而提高行政效率、降低行政成本。

（四）保障行政契约的价值实现

从性质上来说，行政契约既具有行政性，又具有合同性。但这两种性

质哪一种更为重要呢？对此，我国理论界持不同的观点。在我国，行政契约是一种处于行政行为和民事合同之间的特殊状态，既含有行政性的因素，涉及政府行政权力的运作，又含有民事合意性的因素，体现了行政契约双方的合意。但不管行政契约以哪种性质为重，研究其争议的解决机制并不断完善，是保障行政契约价值实现的重要方法。

第二节　行政契约争议解决机制的理论依据

一、法治理论

法治是与人治相对应的概念。法治就是法律的统治，即政府应当由法律而不是由人来统治。英国著名的行政法学家威廉·韦德认为，法治的第一层含义，就是任何事情都必须依法进行，即合法性原则；法治的第二层含义，是政府必须根据公认的、限制自由裁量权的一整套规则和原则办事，法治的实质就在于为防止自由裁量权的滥用设计一整套的规则体系；法治的第三层含义，是对政府行为是否合法的争议应当由完全独立于行政之外的法官裁决；法治的第四层含义，是法律必须平等地对待政府和公民[1]。我国确立了依法行政的基本原则，即行政机关必须根据法律法规的规定设立，并依法取得和行使其行政权力，对其行政行为的后果承担相应的责任。任何行政主体行使行政权力时都必须有严格的法律依据。依法行政是依法治国基本方略的重要内容，依法行政也是市场经济条件下对政府活动的要求。行政机关既可以运用行政命令、行政征收、行政许可、行政确认、行政监督检查、行政处罚、行政强制等强力行为行使职权管理社会职能，还可以通过行政契约与行政相对人发生行政法律关系，以契约的形式履行依法行政的职能，达到行使行政权的效果。

---

〔1〕 转引自刘恒：《行政救济制度研究》，法律出版社 1998 年版，第 9～10 页。

二、行政法理论

行政法的调整对象是行政关系。行政关系主要包括四类：第一类是行政管理关系；第二类是行政法制监督关系；第三类是行政救济关系；第四类是内部行政关系。[1] 行政契约双方的关系显然基本属于行政法调整的行政关系，只有行政主体与公民、法人或其他组织签订的具有明显民事性质的契约除外。无论哪种行政契约关系都没有超出上述四类行政关系。另外，行政法还是调控和监督行政权力的法。行政主体在行政管理中，为了实现其行政目的，利用其手中控制的行政权力，运用行政契约的措施和行政相对人形成合意。由此可见，行政主体在行政契约中的优益权是由行政权力引出的，行政契约是行政权的另一种体现方式。如果没有行政权，行政契约就失去了其存在的前提条件，但是如果没有相应的控制和制约机制，这种行政权的滥用是不可避免的。因此，建立和完善对行政权的控制、制约、规范机制是必要的、必需的，而控制规范行政权机制的最重要的环节就是行政法。[2]

三、博弈论

博弈论在法学研究中的应用日益广泛。众所周知，原本作为数学一个分支的博弈论，现已被广泛运用于经济学、政治学、社会学等诸多学科之中，有力地拓展了研究思路，推动着这些学科的发展。国内外法学界也尝试着将博弈论引入法学，且颇有成效。[3] 之所以如此，是因为现代博弈理

[1] 姜明安主编：《行政法与行政诉讼法》，北京大学出版社、高等教育出版社2005年版，第18页。

[2] 姜明安主编：《行政法与行政诉讼法》，北京大学出版社、高等教育出版社2005年版，第25页。

[3] 罗豪才：《行政诉讼的一个新视角——如何将博弈论引进行政诉讼过程》，载《法商研究》2003年第6期。

论为人们理解法律规则如何影响人的行为提供了非常深刻的洞察力〔1〕。行政契约的订立过程就是行政主体代表的公共利益和行政相对人代表的个人利益的博弈过程。行政主体签订行政契约的目的是要更好地完成行政管理事务，同时保障能最大化实现其代表的公共利益，而行政相对人通过行政契约参与到行政管理中的目的是最大化实现其个人利益。双方经过利益博弈后的妥协才达成了行政契约，均在最大限度上实现了各自利益的最大化。因此，在行政契约履行过程中发生争议后，原告、被告以及其他诉讼参与人为了最大化自身利益，通常都会积极研究对策，预测对方的行为，并通过法律规则所提供的程序作出理性选择，理性的当事人在寻求博弈均衡的过程中有利于推动作为博弈规则的行政法制的平衡发展〔2〕。

〔1〕［美］道格拉斯·G. 拜尔等：《法律的博弈分析》，严旭阳译，法律出版社 1999 年版，第 4 页。

〔2〕罗豪才：《行政诉讼的一个新视角——如何将博弈论引进行政诉讼过程》，载《法商研究》2003 年第 6 期。

第二章　行政契约的基本理论概述

第一节　学界关于行政契约问题的主要争议

目前，我国法学界对行政契约是否存在有广泛的争论。受西方国家有关理论的影响，法学者对行政契约的理解也有不同认识，其观点总体上可以分为两大类，即否定行政契约存在说与肯定行政契约存在说。

一、否定行政契约存在说

否定行政契约存在说主张，所谓行政契约只不过是一种特殊的民事契约，它一样受民法规范的调整。民法学界认为，行政契约“本质上属于市场交易的行为，即一方当事人为行政机关（如政府采购契约），即使法律规定强制签约（如粮食定购），也仍然属于民事契约，而与所谓行政契约有本质区别……国家通过行政机关对某些市场交易行为进行适度的干预，但不改变这些市场交易行为的性质，当然不可能使这些市场交易关系变成所谓行政契约”〔1〕。民法学界还认为，契约是指当事人之间设立、变更、终止债权债务关系的意思表示一致合意的法律行为。〔2〕这里对民事契约范围的界定强调当事人之间的行为属于市场交易的行为，否定行政契约的存

〔1〕梁慧星：《民法学说判例与立法研究（二）》，国家行政学院出版社 1999 年版，第 191 页。

〔2〕陈静娴：《合同法比较研究》，中国人民公安大学出版社 2006 年版，第 78 页。

在，将现实中许多行政法学界认为的行政契约现象划归民事契约领域，使行政契约成为无现实内容。[1] 对行政契约持否定意见的学者认为，在行政法领域，政府与行政相对人之间的关系属于权力分配，无对等自由合意的可能。行政法的首要原则是依法行政，行政机关在行使职权中要遵循法律的规定。

二、肯定行政契约存在说

行政法学者孙笑侠教授认为，行政契约存在的根据主要有以下三个方面：一是从社会背景来看，现代社会进入福利国家时代；二是从行政趋势来看，政府发挥职能的手段多样化、范围扩大化；三是从法律目的来看，法律支持符合民主的行政方式，希望行政非权力化，因此逐渐导致公法私法化。[2] 随着福利国家的兴起，行政的理念由国家行政向公共行政变迁，行政民主化的倾向与日俱增，契约在法学中已不再是传统的专有概念，而是由私法范畴进入公法领域。许多国家和地区在立法和实践中确立了在某些方面不同于私法契约的行政契约制度，将其视为市场经济的产物并作为市场交换所必需的一种方式。在行政领域内，契约的观念、合作的精神、协议的方式等曾专属于私法领域的内容已渗透到公法特别是行政法领域中，并为我们所熟悉和接受。早期的政府扮演“守夜人”的角色，奉行“不干预的政府是最好的政府”的宗旨。但随着经济社会的发展，政府的职能和角色发生了深刻变化，最根本的原因是人与自然的关系及人与人关系的复杂化，使国家对社会的干预变得积极而主动，并渗透到社会的方方面面。同时，随着公民自我意识、权利意识和民主意识的增强，传统的强制行政手段在一些领域显得不合时宜，行政契约作为行政强制措施和行政命令的替代手段，是行政机关顺应社会发展的应变手段。

---

〔1〕 参见游永贵：《论行政合同的概念与特性》，载《天水行政学院学报》2005 年第 2 期。

〔2〕 孙笑侠：《契约下的行政——从行政合同本质到现代行政法功能的再解释》，载《比较法研究》1997 年第 3 期。

邢鸿飞先生也认为，在实施国家行政职能、实现政府管理目标的基本手段或方式上，契约行政与行政命令相比，表现出更大的灵活性。一是行政命令是以行政主体与行政相对人法律地位的不平等为前提的，而契约行政更强调行政主体与行政相对人法律地位的平等性。二是命令行政只需行政主体单方面意思表示就可以成立，而契约行政更强调行政主体与行政相对人意思表示的一致性。契约行政是行政主体与行政相对人意思一致的产物。作为一种双方行政行为，契约行政的有效成立，必须以行政主体与行政相对人的合意为前提，这与只需行政主体单方面意思表示即可成立的行政命令完全不同。行政命令带有命令色彩，行政相对人只有服从的义务，没有讨价还价的权利；行政主体与行政相对人的价值取向和意思表示，可能是一致的，也可能是不一致的，但不管是否一致，均不影响行政命令的有效性。契约行政的成立，大多以行政主体与行政相对人的自愿为原则，并且以双方合意为前提。为实现这种合意，法律往往给行政主体和行政相对人提供更多互相选择的机会和条件，并且要求他们在一定条件下，应以必要的妥协换取表示的一致。即便在那些行政主体对行政相对人以及行政相对人对行政主体的选择余地较小或者根本无法选择的场合，其自愿色彩虽然会受到一定的影响，但是双方意思表示一致性对契约行政的成立仍然起着不可替代的作用。

随着现代给付行政、福利国家等新型国家目的观的出现，现代行政法的发展也为行政法领域形成契约关系提供了合意的基础，为公法关系中援用多种手段，特别是契约手段创造了可能。[1] 行政契约作为一种替代以支配与服从为特点的高权行政，是更加富有弹性和“温情”的行政手段，首先在西方发达国家出现并得到普遍运用。行政契约的出现与发展，对改变行政主体在行使职权、管理社会等方面的确是大有裨益的。

行政法学界对行政契约属于行政行为这一特性并无争议，但对行政契

---

〔1〕胡仙芝：《行政契约理论及其在我国行政管理中的实践》，载《中国行政管理（学术论坛专版）》1998 年第 12 期。

约所属的行政行为的性质有不同的认识。例如，有学者认为行政契约的性质具有一定的特权性，在行政契约中，应该对行政主体的行政权力行为在权限、程序、形式等方面给予限制。[1] 还有学者认为行政契约具有控制行政权力的本质。[2]

三、本书作者对行政契约的观点

笔者倾向于赞同肯定行政契约存在说。行政契约的性质属于行政行为。一方面，它是行政主体和行政相对人之间要约和承诺意思表示一致而达成的协议，具有契约性；另一方面，它是为了实现国家行政权能，并直接产生公法之法律效果，又具有行政性。

行政契约在世界范围内的运用已经成为一种普遍现象，而且其在当今行政改革和实现行政职能中的作用已经受到了特别重视。行政契约在实践中促进了行政的民主化，提高了行政效率，被视为现代政府不可或缺的重要行政管理手段。行政契约的成立主要遵循三个原则：合意性原则、自由性原则和公平性原则。首先是合意性原则。行政契约能否取得行政相对人的合意，是行政契约是否成立的关键。现代契约法上的合意是指当事人双方自由意志的一致性，既不处于外界的强迫之中，也不是一方的一厢情愿，而是发自内心的双方意思表示一致。如果契约是由于外界的压力、对方的胁迫或欺诈而订立的，则该契约可能被撤销。有学者指出，既然行政契约是契约的一种，那么双方必须对彼此所受约束的内容达成合意。同时，基于契约当事人地位平等之原则，为了可以在日后对契约有争议时探求双方当事人的真实意思，行政机关的意愿并无优先地位。承认行政契约双方的平等地位，对于扭转当前行政契约存在的不正当现象也是有帮助

[1] 朱新力：《行政合同的基本特性》，载《浙江大学学报（人文社会科学版）》2002 年第 2 期。

[2] 孙笑侠：《契约下的行政——从行政契约本质到现代行政法功能的再解释》，载《比较法研究》1997 年第 3 期。

的。[1] 其次是自由性原则。行政契约的成立必须符合契约自由原则。契约自由原则是整个契约的基石，行政契约如果不符合契约自由精神，那么行政契约就无法成立。这里需要注意两个问题：一是缔结行政契约自由。行政机关缔结行政契约权限的设定与政府职能的转变是一致的。随着政府从消极行政向积极行政转变，人们逐渐认识到单纯的依法行政观念束缚了行政机关处理日益繁杂的社会事务的能力。为寻求依法行政与维护行政权之间的平衡，现代各国政府一般都有广泛的缔约权，行政机关在遵循法律的前提下享有缔约自由。[2] 但是行政机关缔结行政契约，不能超出自己管辖的事务范围和权限范围，否则属于无效。二是行政相对人在决定、接受行政契约内容条款方面具有自主性，行政契约的订立必须遵守竞争原则和公开原则，以招标、邀请发价、直接磋商为缔约方式，鼓励竞争。行政相对人有权决定、接受缔结条约内容的方式[3]。最后是公平性原则。行政契约的成立要符合公正性，应在保证公益优先的前提下缔结，贯彻利益平衡原则，体现行政机关与行政相对人实质权利义务的平等。对于行政契约的变更、解除，应当给予行政相对人公平的地位，行政机关享有单方面变更、解除行政契约的权利，但是应当与行政相对人协商，以协商方式解除契约最符合公正性。

纵观世界各国行政契约的产生和发展可知，行政契约生成的原因主要有以下四点：一是契约社会化程度的加深。契约是两人或者多人之间为在相互间设定合法义务而达成的具有法律强制力的文书。[4] 行政契约兴起于近现代西方国家，随着契约社会化程度加深，行政机关在实践中大量运用契约解决问题，表明了契约在行政法中运用的可行性、合理性及现实性。由于契约制度的构建和契约观念的确立，契约在行政法中的应用已成为世

---

〔1〕 陈新民：《行政法学总论》，台北，三民书局2005年版，第271页。
〔2〕 杨海坤、章志远：《行政法学基本论》，中国政法大学出版社2004年版，第246页。
〔3〕 杨海坤、章志远：《行政法学基本论》，中国政法大学出版社2004年版，第247页。
〔4〕 罗豪才主编：《行政法学》，北京大学出版社1996年版，第236页。

界性趋势。从广阔的全球时代背景来看，世界各国及地区不仅承认行政契约，还在实践应用中积极通过契约观念、方式及程序来解决行政及行政诉讼问题。[1] 二是行政管理民主化的最佳选择。行政契约中，对行政目标的实现方式及内容的选择由行政机关和行政相对人协商确定，并以行政相对人是否同意作为行政契约能否发生法律效力的条件，这就使获得行政政策的形成及推行过程最大限度地融入了行政相对人的意见。行政契约的订立和履行过程就是行政机关作为管理者与被管理的公民、法人之间互相认同的过程。行政管理不是简单地将国家意志强加给被管理者，而是听取民意、体现民意，这也正符合现代民主观念。因此，行政契约方式被称为当代行政管理民主化的最佳选择。[2] 三是国家目的观的嬗变。西方学者把行政法的发展划分为警察国、法治国、福利国三个时代。在警察国时代，人们信奉管理越少的政府是越有效的政府。在法治国时代，政府的行为被严格限制在法律范围内，无法律即无行政[3]。进入20世纪以来，随着科技的日新月异，世界经济迅猛发展，社会不断进步，客观上要求政府承担更多职能，以便为人民谋取福利。国家对社会经济管理程度的深化及范围扩大，势必将更多的经济关系包括契约关系纳入公法调整范围，国家意志由此渗入传统唯当事人意志的契约领域，使行政契约的运用成为一种趋势。四是合作精神的凸显。行政管理目标的实现，绝非行政机关单方面所能完成的，而是需要行政相对人的认同、配合。[4] 如果行政行为没有可接受性，那么执法就会遇到障碍，执法的成本也会相应提高。行政契约给了行政相对人较大的自主权，尊重了行政相对人的意志和利益，容易得到行政相对人对行政行为的理解和接受。订立行政契约可以使行政机关与行政相对人的权利义务更加明确具体。由于行政契约内容对双方当事人均是一种

---

〔1〕 杨解君：《论契约在行政法中的引入》，载《中国法学》2002年第2期。
〔2〕 应松年主编：《行政法学新论》，中国方正出版社2004年版，第241页。
〔3〕 陈新民：《行政法学总论》，台北，三民书局1997年版，第275页。
〔4〕 余凌云：《行政契约论》，中国人民大学出版社2000年版，第40页。

限制和约束，既能保证行政目标的实现，又能合理地处理行政机关与行政相对人的责、权、利关系，所以这种以行政契约实施管理的方式凸显了合作精神。

综上，作为契约精神与现代行政理念相契合的结果，行政契约在我国行政法领域中的出现，对我国行政法治的实现具有重要的现实意义。

第二节 行政契约的概念与特征

一、行政契约的概念

对于行政契约的概念，我国不同行政法学者有着各自的概念界定。罗豪才教授认为，行政合同又称行政契约，是指行政主体为了行使行政权能，实现特定行政管理目标，而与公民、法人或其他组织经过协商达成的意思表示一致的协议。[1] 应松年教授认为，行政契约是在以实施行政管理为目的行政机关与作为被管理方的公民、法人或其他组织在意思表示一致的情况下签订的协议。[2] 余凌云教授认为，所谓行政契约就是指以行政主体为一方当事人的发生、变更或消灭行政法律关系的合意。[3] 杨小君教授认为，行政契约是行政机关与对方当事人设立、变更、消灭行政法律关系的协议，或者是受行政法规则调整、支配的权利义务的协议。[4] 杨海坤、章志远教授认为，行政契约是指行政主体为了执行公务，或基于实现公共利益的需要，与公民、法人或其他组织在意思一致的基础上所达成的设立、变更、终止行政法上权利义务的协议。[5] 行政契约又称行政协议，

---

〔1〕 罗豪才主编：《行政法学》，北京大学出版社1996年版，第258页。

〔2〕 应松年主编：《行政法学新论》，中国方正出版社2004年版，第245页。

〔3〕 余凌云：《行政契约论》，中国人民大学出版社2000年版，第44页。

〔4〕 杨小君：《论行政契约的特征、法律性质》，载《行政法学研究》1998年第2期。

〔5〕 杨海坤、章志远：《行政法学基本论》，中国政法大学出版社2004年版，第252页。

2019年最高人民法院印发的《关于审理行政协议案件若干问题的规定》指出，“行政机关为了实现行政管理或者公共服务目标，与公民、法人或者其他组织协商订立的具有行政法上权利义务内容的协议，属于行政诉讼法第十二条第一款第十一项规定的行政协议”。

笔者认为，行政契约是指行政主体为了行使行政权能，实现特定行政管理目标，与行政相对人在意思一致的基础上所达成的设立、变更、终止行政法上权利义务内容的协议。其应当包括以下四个要素：（1）主体要素——行政机关与公民、法人或者其他组织；（2）目的要素——实现行政管理或者公共服务目标；（3）意思要素——协商订立；（4）内容要素——具有行政法上权利义务内容。[1] 行政协议从字面意义来看是一种协议，协议即契约，是双方当事人意思表达一致，达成合意的过程。契约规定了当事人的权利和义务，是一种相互之间的许诺。既然行政协议是一种契约，产生行政法效力，且一方当事人为行政主体，而广义上的公法契约既包含宪法契约也包含行政契约，那么行政协议的这一特点正好符合行政契约的概念。它实质上是公法契约中的一种，而所谓公法契约是指所有的可以产生一系列具有公法属性的效果的契约。[2] 从另一个角度来看，其实公法契约与行政契约是完全相同的。在公法契约中，实现效率的最大化是关键，目的在于使行政契约的双方当事人就某一行政事务协商达成一致，从而实现设立行政契约完成行政事务的过程，这也叫作公法契约。[3] 行政契约因主体的不同分为两种：一种是平等的主体之间形成的称之为对等性行政契约；另一种是不平等主体之间形成的称之为不对等行政契约。笔者认为，行政协议与行政契约有作二元区分的必要性。行政契约与行政协议之间虽有相同之处，但两者在范围上是不同的，即行政契约的范畴较为广泛，包

---

〔1〕 郑琰滢：《行政契约观念比较及其法律制度的建构》，载《南京林业大学学报（人文社会科学版）》2004年第9期。

〔2〕 刘莘：《行政合同刍议》，载《中国法学》1995年第5期。

〔3〕 马怀德主编：《行政法与行政诉讼法学》，中国法制出版社2015年版，第353页。

含了行政协议。

二、行政契约的特征

从上文列举的概念可以看出，我国行政法学者对行政契约的理解并不完全统一。由于不同学者是从不同的视角来理解行政契约概念的，因此对行政契约给出一个统一的概念并不容易。基于上文笔者对行政契约所下的定义，笔者认为行政契约具有以下几个基本法律特征：

（一）行政契约的当事人至少有一方是行政主体

行政契约是行政主体行使职权、执行公务的一种手段，因而行政契约的当事人中至少有一方是行政主体。[1] 行政主体在行政契约中具有双重属性。首先，行政契约需符合合同法律规定的基本原理，具备合同的基本要素，行政主体在民事领域范畴内与行政相对方具有平等的法律地位和权能。其次，由于行政契约的特殊性，法律赋予行政主体维护和实现公共利益的特殊行政管理权限，即某种情况下监督指导、变更、解除合同的权力。[2] 对于法律赋予行政主体的这种特殊权力，合同相对方必须遵守和服从，但行政相对方有权对这种权力的行使过程和产生的结果提出异议、进行陈述和申辩，并通过一定的法律途径进行救济。

行政主体具有下列三个特征：（1）行政主体是享有国家行政权力，实施行政活动的组织。这是行政主体与其他国家机关、组织的区别所在。（2）行政主体是能以自己的名义行使行政权的组织。这是行政主体与行政机关内部的组成机构和受行政机关委托执行某些行政管理任务的组织的区别。（3）行政主体是能够独立对外承担其行为所产生的法律责任的组织。这是行政主体具有独立法律人格的具体表现，也是一个组织成为行政主体

---

〔1〕 董茂云、朱淑娣、潘伟杰、刘志刚：《行政法学》，上海人民出版社 2005 年版，第 267 页。

〔2〕 黄玕：《行政契约的性质》，载《行政与法》1999 年第 5 期。

的必备条件。

我国的行政主体包括行政机关和法律、法规授权的组织。行政机关是指依宪法和有关组织法的规定设置的，行使国家行政职权，负责对国家各项行政事务进行组织、管理、监督和指挥的国家机关。[1] 根据职权管辖范围，可将行政机关分为中央行政机关和地方行政机关。中央行政机关包括国务院、国务院组成部门、国务院直属机构、国务院办事机构。地方行政机关包括地方各级人民政府、地方各级人民政府的职能部门、地方人民政府的派出机关。要注意的是，派出机关包括行政公署、区公所、街道办事处。此外，县级以上地方各级人民政府在经济技术开发区设立的管理委员会也属于派出机关。地方人民政府的派出机关并不是一级人民政府，但实际上却履行着一级人民政府的职能，在一定区域内依法行使对所有行政事务的组织和管理权，能以自己的名义作出行政行为，并对其行为后果承担法律责任，因而它们具有行政主体资格。法律、法规授权的组织是指依具体法律、法规授权而行使特定行政职能的非国家机关组织。[2] 法律、法规授权的组织主要有以下几种：（1）事业组织。主要指为国家创造或改善生产条件，从事为工农业生产服务活动，不以营利为目的的单位。（2）社会团体。社会团体虽然不是行政机关，不属于行政系统，但法律、法规往往授权它们行使某些行政职能，如各种行业协会有依法律、法规的授权管理本行业的某些行政事务的权力。（3）基层群众性自治组织。主要指城市和农村按居民、村民居住的地区设立的居民委员会和村民委员会。（4）企业组织。企业组织一般情况下均为行政管理的对象，但在特定情况下，法律、法规也可以授权其行使一定行政职权。（5）各种技术检验、鉴定机构。

---

〔1〕 罗豪才、袁曙宏、李文栋：《现代行政法的理论基础——论行政机关与相对一方的权利义务平衡》，载《中国法学》1993年第1期。

〔2〕 罗豪才、袁曙宏、李文栋：《现代行政法的理论基础——论行政机关与相对一方的权利义务平衡》，载《中国法学》1993年第1期。

（二）行政契约的目的是更好地行使职权、执行公务

相较行政命令，作为行政契约一方的行政主体可以更好地化解在行使职权、执行公务过程中行政相对人的对抗与不满，只有行政相对人的认同和配合，才有利于行政主体实现行政管理目标，如果行政行为没有可接受性，那么执法就遇到了障碍，执法的成本也会相应提高。行政契约给了行政相对人较大的自主权，尊重了相对人的意志和利益，容易得到行政相对人对行政行为的理解和接受。订立行政契约可以使行政机关与行政相对人的权利义务关系更加明确、具体。由于合同内容对于双方当事人均是一种限制和约束，因此即使行政机关在合同的订立和履行过程中享有行政优益权，也不能无视合同的规定而任意处置，其行为仍要受到合同的制约。[1]如果基于种种客观原因需要变更或解除合同，也必须给行政相对人以公平的补偿。

（三）行政契约以双方意思表示一致为前提

行政契约是双方行政行为，若要有效成立，就必须签约。双方经过协商，在意思一致的基础上达成的行政契约才能成立，否则该行政契约为有瑕疵的行政契约。[2] 界定一个合意能不能转化成行政契约，应从以下几个方面考虑：首先，行政契约签订的目的是行使行政职能，当一个合意不具有这个特殊目的时，就不能转变为行政契约。例如，在行政诉讼过程中的行政合意，就是双方在法院的主持下为了解决具体行政行为中的纠纷而达成的，其目的不是实现国家行政管理目标，自然无法发展为行政契约。[3]其次，行政机关享有行政优益权。在行政契约中，行政机关在变更、解除合同时享有优先的权利，但是双方在合意的过程中应该是平等的。因此，

---

〔1〕 马怀德主编：《行政法与行政诉讼法学》，中国法制出版社 2015 年版，第 356 页。

〔2〕 陈新民：《行政法学总论》，台北，三民书局 1997 年版，第 289 页。

〔3〕 朱新力：《行政契约的基本理论》，中国法学会行政法学研究会 1997 年年会论文。

在考虑一个行政合意是否可以转变为行政契约时，应当看一下在这个合意中赋予行政机关行政优益权之后，这个合意还能否存在：若合意能存在，则可以转化为行政契约，反之则不能。行政契约中的合意理念对于更好地转变政府职能，保护公民的参政权利和民主自由都有着十分重要的意义。[1] 因此，在行政行为中渗透合意的理念，以行政契约方式实现行政目的符合民主行政、服务行政的观念。要重视对这方面的理论研究，在公法的范围内更好地保障双方的平等，维护法制的公平。

（四）行政主体一方在行政契约履行、变更或解除中享有行政优益权

行政主体之所以享有行政优益权，根本原因还是在于行政契约特殊的目的性。[2] 然而，行政主体享有行政优益权，并不意味着可以忽略对另一方当事人合法权益的维护。[3] 如果行政主体通过滥用行政优益权随意改变、撤销行政契约，从而侵害行政相对人合法权益，行政相对人就可基于对行政主体的信赖而要求行政主体赔偿或补偿由此给其带来的损失。行政优益权是指行政机关在行政契约中所享有的较行政相对人优先的权利，如依法选择合同相对方的权利、对合同履行的指挥权和监督权、单方面变更和解除合同的权利、制裁权。

行政优益权由行政优先权和行政受益权两部分组成。行政优先权是指国家为保障行政主体有效地行使行政职权而赋予行政主体许多职务上的优先条件，即行政权与其他社会组织及公民个人的权利在同一领域或同一范围内相遇时，行政权具有优先行使和实现的效力。行政优先权的内容主要包括以下几个方面：

（1）依法行政权。在现代法治国家，依法行政的原则已广泛确立，行

---

〔1〕 吴庚、盛子龙：《行政法之理论与实用》，台北，三民书局2017年版，第97页。

〔2〕 翁岳生编：《行政法》，中国法制出版社2009年版，第138页。

〔3〕 崔建远：《合同责任研究》，吉林大学出版社1992年版，第213页。

政主体行使行政职权或实施行政行为，都必须遵循法定程序。

（2）获得社会协助权。行政主体在从事紧急公务时，有关组织或个人有协助执行或提供方便的强制性义务，违反者将承担法律责任。

（3）推定有效权。为了保障行政秩序的稳定性和连续性，行政法律规范承认行政行为具有公定力。换言之，行政行为一经作出，只要未被有权机关正式撤销，即使违法或不当，也被推定为有效。在行政复议和行政诉讼期间，只要没有法律上的特别规定，原则上不停止该行政行为的执行。

行政受益权是行政相对人通过行政主体的积极行为而获得各种利益及利益保障的权利。从范围上讲，行政受益权包括财产利益、人身利益和其他各种利益。[1] 从利益享有的程度和方式上讲，行政受益权可分为保障性受益权、发展性受益权和保护性受益权。

第三节　行政契约的原则

行政契约的原则既是行政契约在订立、履行、变更和解除过程中所应当遵循的基本原则，也是解释行政契约条款以及解决行政契约争议时所应当考虑的基本指导思想，并具有可以弥补行政契约法律规定不完善的功能。[2] 根据行政法原理，行政契约主要有以下四个原则。

一、契约自由原则

所谓契约自由，是指当事人享有订立契约、选择契约相对人、选择契约内容、变更和解除契约、确定契约形式的自由。契约自由原则是合同法

---

〔1〕余凌云：《行政契约论》，中国人民大学出版社2000年版，第58页。
〔2〕伊强：《论行政优益权》，载《学理论》2011年第6期。

最基本的原则。[1] 契约自由原则贯穿于整个契约的始终，从契约开始到契约履行结束都发挥着重要的作用。基于私法自治及契约自由原则，公民、法人或者其他组织只要不违反法律、社会公共利益，就可以自由缔结契约。但是，由于行政契约本质上属于一种行政行为，既具有行政性，又具有契约性，所以契约自由原则必须受到依法行政原则的约束。也就是说，只有在法律有明确规定的情形下，行政主体方能够与行政相对人缔结行政契约。由于行政契约是行政主体执行公务、行使职权的另一种手段，契约自由原则就必须限制行政主体签订行政契约的自由，即行政主体的契约自由原则必须遵循依法行政原则，而就行政相对人而言，却不受依法行政原则的限制。

行政主体必须从以下几个方面来履行契约自由原则：一是只要法律没有明显限制，行政主体即可与行政相对人签订行政契约。如果法律限制行政主体缔结行政契约，则在限制的范围内，行政主体不得缔结行政契约。二是行政主体在签订契约时，契约内容必须属于该行政主体的职权范围，必须遵守行政程序、必须符合契约订立的目的。三是行政主体应当与能够完成目标的行政相对人签订行政契约，即行政相对人应当符合法律法规的规定。四是行政主体可以基于公益的考虑而单方面终止行政契约的效力，但是如果给行政相对人造成损害的，应当给予适当补偿。[2]

作为行政契约的另一方，行政相对人虽然有订立契约、选择契约的行政机关、选择契约内容、变更和解除契约、确定契约形式的自由，但必须受相应的限制：一是行政相对人虽然有订立契约的自由，但在订立契约后不得随意不履行行政契约，若其有能力履约而不履约，则不能视为契约自由。二是行政相对人不得未经行政机关同意擅自转包行政契约的权利、义务给其他行政相对人，并谋取转让费。行政机关与行政相对人缔结行政契

---

〔1〕 李经中：《行政合同法制建设的理论探讨》，载《学术季刊（上海社会科学院）》2000年第1期。

〔2〕 秦宗文：《行政契约的契约基础》，载《行政与法》2000年第4期。

约，是对行政相对人资质、能力的认可。如果行政相对人私自转包行政契约权利、义务于他人，显然属于恶意不履行行政契约的行为，不能视为契约自由。此时行政主体要么变更行政契约的履约人，与新的行政相对人缔结行政契约，要么直接解除行政契约，依法追究缔结行政契约的行政相对人恶意不履行行政契约的责任。三是缔约的行政相对人不得擅自改变行政契约内容，以假充真、以次充好，或擅自改变履约时间、地点、方式。行政契约是行政机关以契约形式实施行政管理或者执行法律的行为。[1] 如果行政机关不能通过行政契约实现行政管理目的或者执行法律，显然违背了行政契约缔结的初衷，缔结行政契约就没有意义。因此，行政相对人擅自改变行政契约内容的行为不能视为契约自由，需追究行政相对人的违约责任。

二、公开竞争原则

公开竞争原则，是指行政契约的竞争者在同一市场条件下共同接受价值规律和优胜劣汰的作用与评判，并在各自独立承担竞争结果基础上而订立契约的原则。这既是行政公开原则在行政契约订立过程中的体现，也是民事契约原理在行政契约订立过程中的反映。[2] 公开竞争原则是行政主体通过行政契约有效实现行政目的的基本保证，也是行政相对人维护其行政法上合法权益的重要保障。为了体现公开竞争原则，行政机关必须做到两点：一是对于可以通过行政契约来完成的行政事务，只要不涉及国家机密、个人隐私和商业秘密，行政主体应该应行政相对人请求一视同仁地提供信息以便行政相对人作出正确判断。二是行政主体应当公平地对待每一个行政相对人，不得偏私，并选择最有能力协助行政主体实现行政管理事

---

〔1〕 杨桦：《行政契约与行政法治互动关系探讨》，载《中南民族大学学报（人文社会科学版）》2005年第5期。

〔2〕 翁岳生编：《行政法》，中国法制出版社2009年版，第778页。

务的相对人签订行政契约。[1]

行政契约的公开竞争原则可从以下两个方面理解：

（1）订立行政契约要求行政主体事先公开表示订立契约的意向及公布契约内容。如行政主体欲出让国有土地，应当事先公开订立合同的要约及出让土地的位置、面积、用途、使用年限等，使行政相对方能全面了解行政主体签订契约的要约。同时，公开竞争原则的遵守也是行政主体保护行政相对方的信息自由权的表现。在行政活动中，行政相对人有权获得除涉及国家机密、个人隐私和商业秘密之外的信息。

（2）在签订行政契约的过程中，行政主体要平等地对待行政相对各方，让参与的各方有均等的机会展示自己的优势和实力。公开竞争原则有助于行政主体通过行政契约实现行政管理事务的最优方案，减少行政成本，提高行政效益，也有利于防止行政腐败。

三、全面履行原则

全面履行原则是指行政契约依法成立后，行政主体和行政相对人必须根据行政契约规定的权利和义务不折不扣地履行行政契约的所有条款。[2]全面履行原则的价值在于通过行政主体与行政相对人正确履行行政契约，使行政契约的预定目标得以实现。全面履行原则连接着行政契约的订立与消灭，正是由于行政契约的全面履行，行政主体才能以非强力手段实现其原本要通过行使行政职权才能达到的目的。[3] 诚实守信是全面履行原则的基础。双方当事人应当诚实守信地履行行政契约，但是因情势变迁导致行政契约无法再履行时，行政契约应当根据法定形式、程序予以解除。

行政契约的全面履行原则要求当事人根据契约规定的数量、质量、规格、型号、期限、地点、方式、包装、价款、酬金等进行全面履行。全面

〔1〕 余凌云：《行政契约论》，中国人民大学出版社 2000 年版，第 58 页。
〔2〕 余凌云：《行政契约论》，中国人民大学出版社 2000 年版，第 62 页。
〔3〕 段孝刚、沈瞿和：《行政合同规则原则的建构》，载《行政与法》2004 年第 1 期。

履行是衡量契约履行程度和违约责任的标准，全面履行原则是实际履行原则的体现与充实。契约的当事人应当按照契约的约定全面履行自己的义务。[1] 契约中约定不明确的，按《民法典》的相关规定履行。《民法典》第510条规定，合同生效后，当事人就质量、价款或者报酬、履行地点等内容没有约定或者约定不明确的，可以协议补充；不能达成补充协议的，按照合同相关条款或者交易习惯确定。第511条规定，（1）质量要求不明确的，按照强制性国家标准履行；没有强制性国家标准的，按照推荐性国家标准履行；没有推荐性国家标准的，按照行业标准履行；没有国家标准、行业标准的，按照通常标准或者符合合同目的的特定标准履行。（2）价款或者报酬不明确的，按照订立合同时履行地的市场价格履行；依法应当执行政府定价或者政府指导价的，依照规定履行。（3）履行地点不明确，给付货币的，在接受货币一方所在地履行；交付不动产的，在不动产所在地履行；其他标的，在履行义务一方所在地履行。（4）履行期限不明确的，债务人可以随时履行，债权人也可以随时请求履行，但是应当给对方必要的准备时间。（5）履行方式不明确的，按照有利于实现合同目的的方式履行。（6）履行费用的负担不明确的，由履行义务一方负担；因债权人原因增加的履行费用，由债权人负担。此外，对于履行的方法不明确的，应按照诚实信用的原则，从有利于债权人出发履行；也可征求债权人的意见，依债权人同意的方法履行。关于契约履行的主体，通常是契约的当事人，但在与契约的性质不违背时，也可以由第三人代为履行或代为接受履行。

全面履行既要求债务人实际履行，即交付标的物或提供服务，也要求这些标的物、服务符合法律和合同的规定。[2] 可见，全面履行必然是实际履行，而实际履行未必是全面履行。全面履行场合不会存在违约责任，实

---

〔1〕江平、王利明等：《民法典：建设社会主义法治国家的基础——专家学者谈中国民法典的制定》，载《法律科学（西北政法学院学报）》1998年第3期。

〔2〕杨欣：《论行政合同与民事合同的区分标准》，载《行政法学研究》2004年第3期。

际履行不适当时则产生违约责任。

四、信赖保护原则

信赖保护原则是指行政契约依法成立后，行政主体应当确保行政契约的明确性、稳定性和连贯性，从而树立和保护行政相对人对行政主体及其行政管理活动的真诚信赖。[1] 信赖保护原则在第二次世界大战后的联邦德国首先得到发展，现已成为许多国家行政法中的一项重要原则。[2] 信赖保护原则的基础是公众对自己国家及国家权力的信任，这种信任是公众安全性和公众对其工作、生活行为有明确预期的基本前提。

信赖基础必须能够反映出国家的意思表示，而国家完整的意思表示必须通过有效成立的行政行为才能反映出来。[3] 不能扩大信赖保护原则的范围，主要原因在于：首先，行政行为未作出时，国家的意思必定是不明确和不完整的；其次，行政行为未有效成立，当然不可能对外产生法律效果，公民也不可能基于此信赖产生既得利益；再次，信赖保护主要以存续保护为主，是对行政行为的存续保护；最后，行政主体在行政过程中要及时改正错误。因此，将信赖保护原则适用于行政权运行的每一阶段是不可取的。[4] 行政法上的信赖保护原则存在的基础应当是有效成立的行政行为，而无论该行政行为是合法还是违法，也无论该行政行为是具体还是抽象性的，但是无效的行政行为除外。无效的行政行为本质上不是行政行为，对外没有任何效力，因此不可能产生信赖利益。[5] 信赖表现是指行政相对人因信赖行政行为而采取的处分行为。行政相对人基于法的稳定性原则信赖，行政行为不会随意变动，而对自己的生活作出安排和对财产进行

---

〔1〕 胡仙芝：《行政契约理论及其在我国行政管理中的实践》，载《中国行政管理》1998年第12期。

〔2〕 张树义：《行政合同》，中国政法大学出版社1994年版，第87页。

〔3〕 杨小君：《论行政合同的特征、法律性质》，载《行政法学研究》1998年第2期。

〔4〕 崔建远：《行政合同之我见》，载《河南省政法管理干部学院学报》2004年第1期。

〔5〕 应松年主编：《行政法学新论》，中国方正出版社2004年版，第241页。

处分，从而表现出信赖行政行为。信赖基础与信赖表现之间存在因果关系，倘若没有信赖基础，信赖表现也无从谈起。

信赖值得保护的判断基准主要是无过错原则。该原则强调行政相对人对于违法行政行为没有过错。倘若是由于行政相对人自己的过错造成了违法行政行为的作出，或者行政相对人明知行政行为违法或因重大过失而不知行政行为违法，则不能成立信赖保护。[1] 这一原则得到了德国行政立法的肯定。《德国联邦行政程序法》中列举规定了三种不适用信赖保护原则的具体情形：(1) 受益人以欺诈、胁迫或行贿取得行政行为的。(2) 受益人以严重不正确或不完整的陈述取得行政行为的。(3) 明知或因重大过失而不知行政行为的违法性。[2] 也有学者不是从信赖的正当性出发，而是从信赖利益与公益比较的角度来鉴别信赖是否值得保护，并认为公益是成立信赖保护必须要考虑的要件之一。对此，反对者认为，信赖保护原则为信赖利益提供的保护方式是存续保护和财产保护。虽然公益在信赖保护原则的适用上不是毫无作用，但是其作用仅限于作为选择保护方式的判断基准，即在原本法律状态对人民有利时，本应采存续保护之方式，但在公益之要求大于人民之信赖利益之保护时，后者不得不退让，为弥补人民利益的损失，此时应采财产保护方式。[3] 也就是说，信赖是否值得保护不是由人民的信赖利益与公益之间的比较得出，公益不是信赖保护成立的要件之一，仅在选择适用合适的保护方式时，公益的衡量才发生作用。行政契约一旦生效，行政主体与行政相对人必须严格遵守，行政主体不得动辄以公益为借口解除或废止行政契约。行政契约规定了行政相对人的，行政主体也不得任意侵犯。[4] 行政契约是行政主体执行公务、实现行政管理目的手段，也属于行政行为，行政相对人基于信赖保护原则可以监督行政主体的

---

〔1〕 杨小君：《论行政合同的特征、法律性质》，载《行政法学研究》1998年第2期。

〔2〕 于安编：《德国行政法》，清华大学出版社1999年版，第188页。

〔3〕 薛刚凌：《变迁时代的行政法思考》，学苑出版社2002年版，第294页。

〔4〕 马怀德主编：《行政法与行政诉讼法学》，中国法制出版社2015年版，第357页。

任意行为。但是行政主体为了维护公共利益，可以依据行政优益权变更或解除行政契约。这与信赖保护原则并不相悖。实践中，如果行政主体的行为真正为了公共利益，公益则优先于信赖保护原则。

第四节 行政契约的功能

研究行政契约的功能，可以从侧面揭示行政契约在行政法中存在的理由。同时在构建行政契约制度以及运用行政契约手段时，可以有意识地发挥这种相应功能。[1] 行政主体和行政相对人通过行政契约，可以找到最佳的契合点。行政契约的出现改变了以前单一的命令行政模式，有助于行政相对人配合行政主体来执行公务，实现行政管理的目标。实践证明，行政机关采用行政契约的手段进行行政执法的确功效显著，这说明行政契约的功能已经为社会所认可。笔者认为，行政契约主要有以下几个方面的功能：

一、保障行政相对人的合法权益

我国《宪法》第41条第1款规定，中华人民共和国公民“对于任何国家机关和国家工作人员的违法失职行为，有向有关国家机关提出申诉、控告或者检举的权利”，“由于国家机关和国家工作人员侵犯公民权利而受到损失的人，有依照法律规定取得赔偿的权利”。第51条规定：“中华人民共和国公民在行使自由和权利的时候，不得损害国家的、社会的、集体的利益和其他公民的合法的自由和权利”。据此，行政契约任何一方当事人的合法权益受到侵害时，可以利用所有能利用的途径寻求保护。[2] 由于行政契约目前在我国多个领域广泛适用，在契约签订、履行过程中行政机

〔1〕 余凌云：《行政契约论》，中国人民大学出版社2000年版，第80页。

〔2〕 杨海坤主编：《中国行政法基础理论》，中国人事出版社2000年版，第270页。

关又享有行政优益权，行政主体违法或不当的行为使行政相对人的合法权益受到损害的情况很难避免。[1] 同时，虽然在大多数情况下，行政相对人会按照行政契约约定的内容行使权利、承担义务，但在少数情况下，行政相对人也会作出违法或不当的行为，损害行政主体的合法权益，即损害国家、社会的公共利益，因为行政主体在行政契约中往往代表的是国家、社会的公共利益。如果普遍存在的行政契约纠纷不能得到及时解决，行政契约侵权行为不能得到有效制止，那么《宪法》规定的公民权利和国家、社会的公共利益就无法得到切实的保护。[2]

由于行政相对人在行政法律关系中处在被管理者的地位，行政主体可能会以公益为借口，对行政相对人的合法权益进行侵害。[3] 缔结行政契约，可以保障当事人及其他关系人的权利及利益。行政契约在程序上为行政相对人提供了一种参与决定的机会，行政相对人如果能够参与这种协商程序，自然能保障其权益，不至于因未经协商而使其合法权益受到严重损害。

二、补充单方高权行为

在行政主体选择行政手段时，行政契约成为除单方高权行为外的另一种可用的有效手段。尤其是当国家在执行其法定任务，需要公民协助时，行政契约就会显示其手段的优越性。因为行政主体如果仍坚持单方高权行为，不仅将导致公民消极的不合作，甚至还有可能演变出集体抗争，这样单方高权行为就可能达不到预期目标，还会弄巧成拙，适得其反。[4] 行政契约是双方经过协商并在意思表示一致的基础上达成的合意，所以能有效化解矛盾、提高办事效率，这也是在第二次世界大战后各国政府都积极采

---

〔1〕 毕可志：《论行政救济》，北京大学出版社2005年版，第13页。

〔2〕 高峰、刘伟：《行政合同界定及其救济方式研究——以比较为主要视角》，载《内蒙古大学学报（人文社会科学版）》2006年第6期。

〔3〕 方世荣：《论行政相对人》，中国政法大学出版社2000年版，第154页。

〔4〕 余凌云：《行政契约论》（第2版），中国人民大学出版社2006年版，第24页。

用行政契约的原因。

三、便于解决复杂问题

行政契约与行政处分相比更富有弹性，行政契约的当事人可以相互约定条款的内容，除非行政契约的约定条款直接与法律的禁止性规定相抵触。这种较大的弹性空间也能够满足不同利害关系人的需要，取得“最大公约数”，进而可以解决争论及复杂问题。[1] 双方在遇到需要解决的问题时，可以根据行政契约的约定进行协商、谈判，谋求解决问题的最佳途径，这在手段上就比行政命令更加灵活。行政命令要求行政相对人必须履行，因此可能造成行政相对人的不合作，甚至演变为与行政主体对抗，不利于问题的解决。与之相反，行政契约可以采取比较和缓的方式，双方可以通过商谈而兼顾彼此的利益，行政主体也可以避免因高权行政带来的不利后果，所以行政契约解决问题的功能已经为行政主体所认识并接受。依法行政是我国近年来行政管理法律化提出的基本原则，是建设现代国家的基本要求。[2] 在实践中，行政主体要不断转变职能，逐步向依法行政转变和推进，这就必须有一个强制性的监督体系。随着行政主体所掌握的行政权力不断加强，行政主体与行政相对人之间的行政契约大量增加，必须建立健全行政契约争议解决机制，对行政主体的行政权力加以监督和制约，防止行政主体滥用职权、违法行政。

四、扩大行政参与、实现行政民主化

在行政契约中，行政目标实现的方式及内容的选择由行政主体和行政相对人协商确定，并将行政相对人是否同意作为行政契约能否发生法律效力的条件。这就在行政政策的形成及推行过程中最大限度地融入了行政相对人的意见，将行政相对人参与行政管理的程度提升到一个相当高的水

---

〔1〕 翁岳生编：《行政法》，中国法制出版社 2009 年版，第 378 页。
〔2〕 翁岳生编：《行政法》，中国法制出版社 2009 年版，第 379 页。

平，积极地推进了行政民主化目标的实现。[1] 甚至在有些情况下，为监督行政契约双方是否遵守约定，还承认第三人对契约履行的监督权。因此，行政契约具有扩大行政参与、实现行政民主化的功能。在行政契约中，行政主体一方行使的是进行行政管理的行政权力，行政相对方无论是另外的行政主体还是一般相对人，所行使的都是参与行政管理、维护自身合法利益的权利。行政契约能否顺利履行的关键，在于行政主体的权力和行政相对方的权利能否达到平衡，只有在达到平衡的状态下，双方当事人才会积极维护行政契约的履行，反之则会破坏合同的正常履行。[2]

第五节　行政契约的主要类型

目前我国的法律法规并未明确规定行政契约的具体类型及表现，但不管是《行政诉讼法》抑或是《最高人民法院关于适用〈中华人民共和国行政诉讼法〉的解释》，均体现了一种默认，即除了为立法确定的行政契约以外，还有大量的其他类型的行政契约存在于行政管理活动中。因此，不能因为学理上的争议而否认行政契约存在的客观性。从目前法律实践来看，常见的行政契约有以下几种类型。

一、国有土地使用权出让合同

国有土地使用权出让合同在房地产开发、企业生产基地建设以及旅游景点开发等领域广泛应用，但由于我国相关法律法规中并未对其法律性质作出明确规定，因此法学理论上关于其为民事合同抑或行政契约的争议从未间断。一种观点认为，从所有权的角度出发，国家以国有资产为标的物参与民事法律关系时，其身份为民事主体。另一种观点认为，国有土地使

---

〔1〕 余凌云：《行政契约论》，中国人民大学出版社2000年版，第60页。

〔2〕 罗豪才主编：《行政法学》，中国政法大学出版社1999年版，第268页。

用权出让合同的性质应依照所有权属于谁以及以何种方式进行处分来界定。

笔者认为国有土地使用权出让合同应属行政协议，理由如下：第一，此类合同是作为出让方的土地管理部门以行政主体的身份将国有土地使用权限期让与受让方，受让方支付土地出让价款的协议，其实质是一种行政管理活动。第二，此类合同不仅涉及个人利益，也涉及公共利益，内容远超传统民事合同的范畴。第三，此类合同主体恒定，双方当事人中，有一方必是行政机关，另一方则是公民、法人或其他组织。第四，订立此类合同的目的主要是执行公务，在合同履行过程中，行政机关具有指挥、监督以及制裁的权力。第五，根据耦合原则，除非法律特别规定，国土管理部门对土地管理的公共利益所依赖的利益与受让方相对立。因此，国有土地使用权出让合同的行政目的远超出民事合同的目的，具备行政管理的性质。

在国有土地使用权出让合同中，土地行政管理部门享有一定的行政优益权，有权对行政相对人（国有土地受让方）进行监督。并且，此类合同对出让土地的用途等方面还会进行特别的规定，有些合同条款还带有一定的强制性，如要求国有土地受让方须在本合同项下宗地范围内一并修建某类工程（如人防工程），并在建成后无偿移交给政府。

二、行政特许经营协议

我国改革开放后建立并实行了行政特许制度，国务院颁布行政法规将行政特许管理纳入法律范畴，其核心是为行政特许管理提供有效的法律依据，规范特许经营的活动，促进国民经济的发展。2015 年 4 月 25 日国家发展改革委员会、财政部、住房和城乡建设部、交通运输部、水利部、中国人民银行联合发布《基础设施和公用事业特许经营管理办法》，以鼓励和引导社会资本参与基础设施和公用事业建设运营，提高公共服务质量和效率，保护特许经营者合法权益，保障社会公共利益和公共安全，促进经济社会持续健康发展。实践中，对于需要特许经营的事项，政府部门与社会资本往往通过签订行政特许经营协议的方式进行合作。理论界对行政特许经营协议究竟是民事合同还是行政契约存在较大的争议，但立法的态度已经很明确。《最高人民法院关于审理行政协议案件若干问题的规定》第2条第1项已将“政府特许经营协议”纳入“行政协议”范围之内。这样规定的主要原因是政府特许还是政府单方职权行为，协议双方形成的是命令服从关系，而不是合作伙伴意义上的协议关系。2003年8月27日第十届全国人民代表大会常务委员会第四次会议通过、2019年4月23日第十三届全国人民代表大会常务委员会第十次会议修正的《中华人民共和国行政许可法》是关于行政许可的综合性立法，意图将行政许可的相关内容都纳入其制度框架。《行政许可法》第12条规定了六类可以设定行政许可的事项，其中最基本的是列为第1项的普通许可和列为第2项的行政特许。行政特许具有政府属性，与普通许可大不相同。行政特许并非商业特许经营。2007年5月1日起施行的《商业特许经营管理条例》第3条把商业特许经营定义为：“拥有注册商标、企业标志、专利、专有技术等经营资源的企业（以下称特许人），以合同形式将其拥有的经营资源许可其他经营者（以下称被特许人）使用，被特许人按照合同约定在统一的经营模式下开展经营，并向特许人支付特许经营费用的经营活动。”由此可见，商业特许在特许授予主体、交易对象、交易风险和公共属性诸方面均区别于行政特许，尤其是商业特许没有政府因素和公共服务因素。行政特许不同于普通许可的基本特点，就是为申请人创造新的权利。行政特许的“许可”是一种权利授予行为，当事人可以利用这种权利去获取利益，而普通许可则是对既有自由权行使的限制。

三、土地、房屋征收征用补偿协议

政府出于公共利益的需要，征收征用国有土地上单位、个人的土地、房屋时，应当对被征收征用人进行公平合理的补偿。在进行征收征用的过程中，政府作为国家的代表，应当与被征收征用人签订土地、房屋征收征用补偿协议，以明确国家与被征收征用人的权利义务，保护被征收征用人的合法权益。同政府特许经营协议一样，土地、房屋征收征用补偿协议已经被《最高人民法院关于审理行政协议案件若干问题的规定》第 2 条第 2 项纳入“行政协议”的范畴。

笔者认为，土地、房屋征收征用补偿协议应定性为行政契约。在房屋征收法律关系中，土地、房屋征收征用补偿协议的征收征用部门享有广泛的行政优益权，征收征用双方在享有权利和履行义务方面实际上是不平等的。从协议签订的过程可以看出，土地、房屋征收征用补偿协议的征收征用部门从头到尾都是管理者的角色，主导着整个房屋征收征用工作的进程，被征收征用人无权自由选择协议的签订时间及变更协议内容等。双方签订征收征用补偿协议的目的也并不是保证私人利益的最大化，而是实现特定的公共利益。此外，土地、房屋征收征用补偿协议的内容也远远超出了民事合同的范畴，所谓的双方协议一致达成合意是在土地、房屋确定被征收征用的前提下通过实现对协议内容的限定来实现的。我国现行的土地、房屋征收征用补偿法律体系是以《宪法》为基础，以《民法典》《城市房地产管理法》《行政诉讼法》《行政复议法》《国有土地上房屋征收与补偿条例》等为支撑构建起来的，包含土地、房屋征收征用目的、补偿制度、征收征用程序及纠纷解决机制等多方面的内容。

四、政府采购合同

政府采购合同是招标采购单位与采购单位及投标单位之间约定权利义务的重要法律文件，是政府作为采购人与供应商就双方权利义务签订的明确协议。政府采购合同与其他合同的区别主要体现在以下几点：第一，政府采购合同的拟定不仅要符合《民法典》的规定，还要符合《政府采购法》的规定。第二，政府采购合同的拟定必须要以招标文件（包括竞争性谈判文件、询价采购文件等）为蓝本，不能脱离招标文件的基本原则与范围。第三，政府采购合同既具有民事合同的属性，又具有行政契约的属性，其一方主体为行政机关，其目的是开展日常政务活动或为公众提供公共服务的需要所进行的采购。第四，政府采购合同属于双务、有偿合同，即当事人双方相互之间存在对等给付义务，且当事人一方取得权利必须支付相应的对价。这个对价一般是指支付报酬或酬金，报酬或酬金属于财政性资金。

关于政府采购合同的性质历来存有争议。有学者认为政府采购合同的性质为民商事合同，其依据是《政府采购法》第 43 条第 1 款“政府采购合同适用合同法”之规定。我们认为，政府采购合同的性质决定了其本身即属于行政契约而非民事合同。首先，部分政府采购合同的订立目的是实现公共服务，使用的也是财政性资金或其他公共资源；其次，政府采购合同的双方主体为政府和其他各类社会资本；最后，政府采购合同约定购买政府组织运行所必需的物资，其目的也在于维护国家机器的正常运作，具有行政法上的权利义务关系。尽管政府采购合同具有民事合同的特征，但是不能忽略其行政性与公共性。《政府采购法》明确规定了政府采购的当事人、方式、程序、质疑与投诉、监督检查等内容，充满了极强的行政管理与公共色彩。这与《最高人民法院关于审理行政协议案件若干问题的规定》对于行政契约的界定基本吻合。因此，政府采购合同应当归属于行政契约。

五、农村土地承包合同

从一定意义上来说，农村土地承包合同是我国最常见、也是出现最早的行政契约类型。农村土地承包合同是指农村集体经济组织作为发包方，与承包方之间就集体经济组织享有所有权或使用权的土地、山岭、荒地、滩涂等自然资源签订的承包经营合同。从改革开放开始，国家对农村土地实行家庭承包责任制，而签订农村土地承包合同是保证农村土地承包制度能够顺利实行的前提。因此，在农村土地承包合同方面加强管理，可以激发农民在农业生产中的积极性，同时也可有效缓解关于农村土地的各种矛盾。在农村土地承包制度中，对农村土地承包合同进行有效的管理是极其重要的一项工作内容。为了进一步完善农村土地承包制度，有效规范农村土地承包行为，必须对农村土地承包合同进行有效的管理。现阶段，我国农村土地在所有权、经营权方面已经得到明确落实，承包权是连接农村土地所有权与经营权的桥梁和纽带，农村土地承包合同的特点可以归纳为以下几点：第一，农村承包合同具有封闭性，双方是特殊主体。甲方恒定为农村集体经济组织，乙方则限定为本村集体经济组织成员。第二，农村土地承包合同具有强制性。农村集体经济组织成员依法享有承包权，自其正式成为农村集体经济成员那一刻起，农村集体经济组织即应当与其签订农村土地承包合同，不得拒绝、迟延。第三，农村土地承包合同具有法定性。农村土地承包合同是格式合同，主要条款如上缴任务、承包期限、履行方式等均已由相关法律法规明确规定，合同主体选择或合意空间很小。第四，农村土地承包合同具有均等性。农村土地承包合同内容大同小异，每一份农村土地承包合同记载一份承包权，且其承载的身份、利益、义务和责任都是相同的、均等的。第五，农村土地承包合同具有功能性。农村土地承包合同是承包权的载体，也是权利凭证。

笔者认为，农村土地承包合同属于行政契约。主要理由如下：其一，农村土地承包合同双方主体的法律地位是上下隶属关系。发包方虽不是国家机关，却是一级农业生产单位，为国家履行着管理集体土地的职责；承包方是发包方的组成成员，承包方接受发包方的管理和指导。双方并非平等的民事关系，而是管理与被管理的关系。其二，农村土地承包合同的标的是集体所有的土地，是具有特殊性的生产资料。社会主义生产资料公有制决定了集体成员平等的、不分份额的共同共有集体土地。集体土地公有制凸显农村土地承包合同的“公法属性”。其三，农村土地承包合同内容具有法定性。农村土地承包合同主要条款如承包地用途、承包期限等已由《宪法》《土地管理法》《农村土地承包法》等法律明确规定，不需要合同双方自由约定。其四，农村土地承包合同纠纷的处理由《行政复议法》《行政诉讼法》等导入救济渠道。农村集体经济组织与其成员通过签订农村土地承包合同，明确双方当事人在土地承包中的权利义务，是双方权利义务的证明。

六、全民所有制工业企业承包合同

全民所有制工业企业承包合同是政府有关部门作为发包方，企业作为承包方签订的国有企业承包经营合同。有不少人视其为经济合同，实则不然。笔者认为，基于以下几点，其本质应属行政契约。首先，政府签订全民所有制工业企业承包合同，是为了促进国民经济快速发展，而经济合同的当事人是为了自身利益而签订合同。其次，行政主体在合同履行过程中享有监督、检查，追究行政责任和经济责任等行政优益权，这都是经济合同当事人不具备的权利。

全民所有制工业企业承包合同是一种比较典型的行政契约，《全民所有制工业企业承包经营责任制暂行条例》的规定也反映了行政契约的诸多特点。[1] 一是全民所有制工业企业承包合同的一方当事人是行政主体。该条例第 14 条规定：“实行承包经营责任制，必须由企业经营者代表承包方同发包方订立承包经营合同。发包方为人民政府指定的有关部门，承包方为实行承包经营的企业。”二是全民所有制工业企业承包合同是为了公共利益而签订。该条例第 3 条规定：“实行承包经营责任制，必须兼顾国家、企业、经营者和生产者利益，调动企业经营者和生产者积极性，挖掘企业内部潜力，确保上交国家利润，增强企业自我发展能力，逐步改善职工生活。”三是行政主体在全民所有制工业企业承包合同中享有诸多特权。如该条例第 22 条第 1 款规定的检查、监督权，第 25 条规定的对违法的承包方的制裁权等。四是全民所有制工业企业承包合同有着其他不同于民事合

〔1〕 马怀德主编：《行政法学》（第二版），中国政法大学出版社 2009 年版，第 74 页。

同的内容。如该条例第22条第2款规定："发包方应当按承包经营合同规定维护承包方和企业经营者的合法权益，并在职责范围内帮助协调解决承包方生产经营中的困难。"

除上述常见的行政契约类型之外，行政活动中还存在教育行政契约、环境保护行政协议、治安管理处罚担保协议、国家科研合同等行政契约类型。

第三章　我国行政契约争议解决机制的现状

第一节　行政契约争议产生的责任

一、行政契约争议的产生

行政契约争议是指行政契约当事人对于自己与他人之间的权利行使、义务履行和利益分配有不同的观点、意见、请求的法律事实。行政契约争议产生的原因是契约当事人违反契约约定或法律规定。“契约必须遵守”是一个古老的法则。根据该法则，契约双方应该按照双方的约定，全面、及时地履行契约义务，这是法律在契约生效后对契约方权利的保护，也是对违反契约约定的制约。

行政契约争议的特点是：

1. 行政契约争议发生于行政契约的订立、履行、变更、解除以及行政契约的行使过程中。如果某一争议虽然与行政契约有关系，但不是发生于上述过程之中，就不构成行政契约争议。

2. 行政契约争议的双方须是行政契约法律关系的主体。此类主体既包括自然人，也包括法人和其他组织。

3. 行政契约争议的内容主要表现在争议主体对于导致合同法律关系产生、变更与消灭的法律事实以及法律关系的内容有着不同的观点与看法。

总体来说，契约双方都能根据约定履行契约，但是从追求效益最大化的角度出发，不少契约人为了最大限度地追逐利润、减少风险与成本，在他方提供的条件优于原契约方的条件时，这些人就会考虑成本与收益的关系，考虑到与其他人签订新契约的受益比毁原契约后的代价更有利，就可能会考虑违反以前的契约，重新选择合作伙伴。[1] 从经济学原理来说，这样做的确是合理的。但是如果被违约方已经基于"契约必须遵守"的法则为履行契约积极准备，那么毁约就会给善良的履约方带来巨大损失，由此，行政契约的争议就产生了。行政契约争议产生是由于契约双方或者契约一方不履行义务，或者违反契约内容，导致契约无法履行而产生的纠纷。这对准备认真履行契约的一方来说是不公正的。为保证善良守约方的合法权益，法律规定了违反契约的惩罚机制，契约争议产生就应当追究过错方的法律责任。

二、因行政契约争议而产生的责任

法律责任是不履行法律规定的义务所处之必然状态。行政契约责任作为一种法律责任，其前提也应是对相关法律义务的违反。行政契约具有契约性和行政性。就契约性而言，行政契约是行政主体与行政相对人合意的结果，体现了一定程度上的契约自由。就行政性而言，行政契约归根结底是一种行政行为，行政契约的目的是实现一定的行政目的或公共利益。行政契约既要体现当事人可以约定权利义务的契约自由，也要符合依法行政的要求。因此，违反行政契约约定的义务或法律对实现公共利益的要求，就应该承担相应的责任。[2] 对于行政契约一方的相对人来说，认真履行行政契约，积极配合行政主体依法行使行政职权，是相对人应当遵循的契约义务。但是在不少情况下，由于糅合了一些不相关的因素，行政相对人在实践中也有违反行政契约的情况，会对行政主体和国家利益造成很大的损

[1] 刘光：《论行政合同的合同性》，载《山东省农业管理干部学院学报》2002 年第 3 期。

[2] 孙林生、邢淑艳：《行政诉讼以撤诉方式结案为什么居高不下——对 365 件撤诉行政案件的调查分析》，载《行政法学研究》1996 年第 3 期。

失，所以不但行政主体违约应追究法律责任，对违约的行政相对人也应当追究法律责任。另外，行政主体和行政相对人都存在过错，导致行政契约不能实现的，应当根据具体情况，分别追究责任。当然，还存在一些人为因素不能预见、不能抗拒、不能避免的情况，此时就应该依实际情况减轻双方的责任，契约能够继续履行的应当继续履行，不能履行的应当考虑解除。

依据行政契约责任的主体不同，可将行政契约责任划分为行政主体违约责任、行政相对人违约责任以及行政主体和行政相对人共同承担的责任。[1]

（一）行政主体违约责任

在行政法上，行政主体必须依法行政，但出于保证行政主体能达成预期的特定行政目标的考虑，行政契约双方当事人处于不对等状态。因此，法律法规赋予行政主体在行政契约中的主导性权利，包括监督指挥权、强制执行权、直接解除契约制裁权等。[2] 这些主导性权利在订立行政契约时是作为强制性条款规定的，行政相对人要签订契约只能接受。也正是因为这些主导性权利具有强制性，所以行政主体才易滥用职权，不履行或不完全履行契约义务。行政主体违约在行政契约的不同阶段有不同表现。[3] 由于行政契约本身就是一种行政手段，行政主体在启动行政契约程序方面享有当然的主动权，但其不能违反依法行政原则。行政主体无权或超越权限与行政相对人缔约而导致行政契约无效、不成立或造成其他损失的，行政主体应当承担缔约上的过失责任。

第一，行政契约缔约阶段。行政主体可以选择相对方当事人，采取招标、邀请发价、直接磋商等方式缔结行政契约，但也要受到一定的限制。

---

〔1〕张树义：《行政合同》，中国政法大学出版社1994年版，第154～155页。
〔2〕蒋先福：《契约文明：法治文明的源与流》，上海人民出版社1999年版，第86页。
〔3〕罗传贤：《行政程序法基础理论》，台北，五南图书出版公司1993年版，第283页。

在法国，只有行政主体，即国家、地方团体和公务法人能够缔结行政契约。[1] 行政主体通过行政机关缔结契约，每个行政机关只能在自己管辖的事务范围内享有缔结契约的权力。在英国，仅英国国王在普通法上具有签订一切契约的权力，且其所签契约的相对人不受限制，其他法定机构（如地方政府和公法人）只能在自己权限范围内签订契约。此外，如果英国国王在普通法上的订约权力受到成文法的限制，也必须遵守成文法的限制。[2]

需要注意的是，缔约阶段契约尚未成立，行政主体不可能违反合同义务，但缔约行为已经进入行政契约程序的，就会受到行政契约制度的约束。另外，行政主体缔约时的瑕疵很可能导致契约无效或不成立，进而给行政相对人带来很大损失。如果行政主体不对此承担责任，就违反了经济利益平衡原则，不利于促进依法行政和保护行政相对人利益。因此，我们也将此类责任纳入行政契约责任的范围。

第二，行政契约履行阶段。在行政契约履行阶段，行政主体享有一定的特权，无论这些特权是当然享有的（如法国），还是约定才能享有的（如英国）。这些特权包括要求对方当事人本人履行义务权、对行政契约履行的指挥权、单方面变更契约标的或解除契约权、制裁权、对行政契约的解释权。[3] 这些特权本质上具有单方行政行为的特征，是行政主体行使行政职能由特权转向违约行为的具体表现。一是行政主体单方擅自变更、解除行政契约。行政主体可以在情势变迁的情况下单方面变更或解除行政契约，这是基于公共利益的需要。但公共利益不是一成不变的，它在行政契约履行过程中可能发生变化，行政主体必须根据公共利益的变化调整行政契约的内容或解除契约。[4] 虽然这是一项自由裁量的权力，但仍以符合公

[1] 王名杨：《法国行政法》，中国政法大学出版社1989年版，第199页。
[2] 龚祥瑞：《比较宪法与行政法》，法律出版社2003年版，第487页。
[3] 张正钊、韩大元主编：《比较行政法》，中国人民大学出版社1998年版，第409页。
[4] 胡建淼：《行政法学》（第二版），法律出版社2005年版，第177页。

共利益要求为前提，如果不是出于这个目的而行使，则属于擅自变更、解除行政契约，构成行政违约。二是滥用行政契约中的指挥权、监督权和制裁权。首先，行政主体有权通过对行政契约履行的监督，随时掌握行政契约的履行情况，督促行政相对人履行符合公共利益的要求。但如果不适当使用该权力，将导致行政相对方权益受损。其次，行政主体享有对违约行政相对人采取行政制裁措施的权力，这是法律从行政管理角度为保障契约义务履行而施加于行政相对人的法定责任。[1] 行政主体滥用该职权主要是对没有违约的行政相对人采取制裁或对违约的行政相对人采取不恰当的制裁。最后，行政主体不作为行为。行政主体应为行政相对人所提供的劳动或服务等支付报酬，或者为协助行政相对人共同完成行政契约而预先允诺提供价金以外的经济帮助，如提供担保贷款、减免税款等。这些都是行政主体应积极实施的义务，且能够履行。[2] 如果行政主体出于自身的原因而没有履行或全面履行契约，则构成违约行为。

根据上述违约行为的表现形态，笔者认为行政主体承担违约责任的方式主要有下列五种：一是纠正不适当的违约行为。纠正不适当的行政行为是对行政主体的自由裁量权进行控制的法律责任方式。[3] 行政主体应对自己不恰当行使或滥用行政职权承担法律后果，通常是由行政主体自己改变，或由有权的行政机关责令下级行政机关纠正。二是停止违约的行政契约行为。这是一种惩戒性的法律责任，如果行政主体仍然继续实施违约行政行为，那么行政相对人可以请求有权的行政机关责令行政主体停止该违约行为。此处所指的有权的行政机关是违约行政主体的上一级机关或主管机关，行政复议机关或司法机关。三是撤销违约的行政行为。这是对行政机关的违法行为全盘否定的惩罚，即由行政机关自己承担行为被撤销后的

---

〔1〕许崇德、皮纯协主编：《新中国行政法学研究综述》，法律出版社1991年版，第176～178页。

〔2〕刘莘：《试论行政合同的存在意义》，载《法律科学（西北政法学院学报）》1999年第5期。

〔3〕周光辉：《论公共权力的强制力》，载《吉林大学社会科学学报》1995年第5期。

一切法律后果。四是责令履行职责。这是行政主体因不作为的违约行为而应承担的法律责任。五是行政赔偿。这是行政主体因自身过错给行政相对人造成损害而采取的一种补救措施。行政主体赔偿的范围除了行政相对人的实际损失以外，还应包括可以期待的利益。如果行政主体对行政相对人造成精神上的伤害，还应进行精神赔偿。[1]

需要指出的是，行政主体不履行契约或不适当履行契约时要承担违约责任，但是行使自由裁量权的除外，因为行政契约不能约束行政主体行使自由裁量权。

第三，行政契约消灭阶段。行政契约的消灭可以有多种原因，出于公共利益的需要，行政主体享有单方面解除契约的特权。行政主体违约，行政契约无法继续履行导致行政契约消灭的，行政主体所承担的责任同样可以分为作为责任和不作为责任。如果行政主体得履行契约义务，经行政相对人申请行政主体继续履行，行政主体应当继续履行契约义务，如果行政主体的不作为导致行政契约消灭的，经行政相对人申请，行政主体应当赔偿行政相对人由此而受到的损失。

（二）行政相对人违约责任

在行政契约中，行政相对人的地位比较特殊。由于公共利益的判断者和维护者都是行政主体，行政相对人在行政契约中并不享有特权，而是特权作用的对象，而行政主体的特权多集中在合同的履行阶段，所以行政相对人的责任多产生在行政契约的履行阶段。[2] 与民事契约责任不同，当行政相对人不履行行政契约或不适当履行契约时，行政相对人要接受行政主体的制裁。这一责任类似行政处罚，且行政主体有一定的自由裁量权。

行政相对人在行政契约中的违约责任，是基于对契约义务不能履行或

---

〔1〕 石春：《论行政救济制度》，载《当代法学论坛》2006 年第 3 辑。
〔2〕 薛刚凌：《变迁时代的行政法思考》，学苑出版社 2002 年版，第 294 页。

不完全履行，通常是以消极方式来实施的。[1] 一是拒绝行政主体的监督和指挥。相对于高权行政性行为而言，行政契约作为现代行政管理的一种形式，是比较易于为行政相对人所接受的。行政契约不同于民事契约，其一方当事人为行政主体，具有监督权和指挥权。这种监督权和指挥权是为了更好地让行政相对人履行行政契约的内容。行政主体本身就是利用行政契约作为管理手段来行使行政管理权，如果行政相对人拒绝行政主体的监督与指挥，就违背了行政主体在签订行政契约时的初衷，属于明显的违约行为。[2] 行政相对人可能通过不履行契约约定的告知义务，有意或无意地阻挠行政主体对契约的指挥，或者提供虚假资料逃避行政主体的监督，或者以行政主体妨碍契约履行进度为由拒绝行政主体的监督和指挥。行政相对人的这些行为明显是违约行为，应当承担违约责任。二是故意延长契约履行或不按契约的要求履行。“契约必须遵守”法则要求契约双方必须按照契约的约定履行各自的义务，因此，行政相对人一方应当按照约定履行行政契约。但是不少行政相对人在履行契约时，有意拖延履行时间，或者以种种理由迟延履行，导致行政契约无法在规定时间内如期履约，对公共利益造成危害。还有一些行政相对人擅自更改契约内容，不按照契约规定的要求履行契约。以建筑契约为例，部分行政相对人存在不按照契约规定的材料要求履行建筑契约的问题，致使出现“豆腐渣”工程。三是拒绝履行契约。[3] 在行政契约签订后，有些行政相对人直接通过分包、转包的方式，把本应该由自己履行的行政契约转让给他人以从中渔利，或者明确表示不履行与行政主体签订的行政契约，导致行政契约无法履行或使履行效果大打折扣，造成恶劣后果，严重妨碍行政主体行使国家管理职权，危害国家、社会和人民利益。

针对以上违约情况，行政相对人承担违约责任的方式主要有以下三

---

〔1〕 侯丽萍：《行政合同中的特权》，载《检察实践》2004年第2期。

〔2〕 叶必丰：《我国区域经济一体化背景下的行政协议》，载《法学研究》2006年第2期。

〔3〕 杨解君主编：《中国行政合同的理论与实践探索》，法律出版社2009年版，第128页。

种：一是接受行政处罚。当行政相对人因拒绝行政机关的监督和指挥而违约时，行政机关可以对违约的行政相对人作出行政处罚。根据《行政处罚法》第9条的规定，行政机关可以对行政相对人科以申诫罚，即给予警告、通报批评，让其在名誉上受到惩戒。[1] 还可以对行政相对人科以行为罚，即给予责令停产停业、暂扣许可证件、降低资质等级、吊销许可证件等行政处罚。当违约行为在一定程度上损害公共利益时，行政机关有权对行政相对人进行财产处罚，让其在经济上受到损失。[2] 如果因行政契约导致严重后果，使国家、社会和人民的利益遭受重大损害，不但要在财产方面给予行政相对人罚款、没收的行政处罚，还要对其科以人身罚，给予行政拘留、驱逐出境（针对外国人）的行政处罚，构成（刑事责任）犯罪的还应追究其刑事责任。[3] 二是强制履行法定义务。由于行政契约的签订目的在于执行公务，所以行政契约缔结以后，行政契约的内容必须得到实现，不能因困难而中断行政契约的履行。为此，无论行政相对人出于何种理由，在未经行政机关同意和认可之前，行政相对人都必须按契约要求积极履行。当然也有例外的情况，即行政契约的履行已经没有必要或根本不可能时，在取得行政机关同意之后，行政相对人可以不履行。基于此，当行政相对人出现不作为行为时，行政机关有权强制行政相对人履行义务，或者强制第三人代替行政相对人履行义务，费用由行政相对人负担。三是损害赔偿。这里所讲的损害赔偿是指违约损害赔偿，即违约方因不履行契约或者不完全履行契约而给对方造成损害，依法应当承担的赔偿责任。[4] 违约损害赔偿是违约救济中最广泛、最重要的救济方式，其基本目的是用金钱赔偿的方式弥补一方因违约给对方所造成的损害。行政相对人的违约行为给国家、社会或他人的利益造成损害时，行政相对人应承担损害赔偿

---

〔1〕 王小红：《和谐社会建设需要行政裁决制度》，载《北方法学》2008年第4期。

〔2〕 何渊：《论行政协议》，载《行政法学研究》2006年第3期。

〔3〕 尤春媛、郭润生：《试论行政合同的司法审查》，载《山西大学学报（哲学社会科学版）》1997年第4期。

〔4〕 吴登龙：《行政合同诉讼探析》，载《行政法学研究》1997年第2期。

责任。

（三）行政主体和行政相对人共同承担的责任

行政主体和行政相对人共同承担的责任主要包括契约双方合谋损害公共利益、契约履行后没有实现公共利益所应负的责任，法律规定的不可抗力和意外事件导致行政契约无法履行形成的责任。

在行政契约的双方合谋损害公共利益，行政相对人和行政主体对损害结果的产生具有故意，且在合同履行后并没有实现公共利益，甚至损害公共利益的情况下，如果行政相对人和行政主体的负责人或者直接责任人从行政契约的履行中获取了利益，应当追究行政相对人和行政主体的负责人或者直接责任人的法律责任。行政主体作为公共利益的判断者和维护者，应当承担主要的责任。[1] 但从责任自负和公平负担的角度来看，行政相对人也不应当免责。

无论是在民事契约还是行政契约中，都可能出现人为因素所不能控制的情况，这就是通常所说的不可抗力和意外事件。不可抗力即地震、水灾、海啸、干旱、战争等人力不可抗拒的强制力量。[2] 契约因不可抗力而不能履行或不完全履行，显然不是当事人主观上有过错。因此，《民法典》中规定，因不可抗力造成合同不能履行的，债务人不负责任。意外事件是指当事人不能预见的偶然发生的事故。契约当事人在遭遇意外事件时，一般情况下也可以免除责任。这些都是行政契约中不可抗力与意外事件免责的常例。如果双方本可以履行行政契约，但由于任何一方的迟延履行导致不可抗力或意外事件的发生，进而使行政契约无法履行，则违约方不得以

---

〔1〕 湛中乐、刘书燃：《PPP 协议中的公私法律关系及其制度抉择》，载《法治研究》2007 年第 4 期。

〔2〕 江国华：《政府和社会资本合作项目合同性质及争端解决机制》，载《法商研究》2018 年第 2 期。

不可抗力或意外事件作为免责事由。[1] 因不可抗力和意外事件导致行政契约不能实现的，行政主体和行政相对人应当共同承担责任。

第二节　我国行政契约争议解决机制的现状

一、行政契约争议解决机制的概念与特征

（一）行政契约争议解决机制的概念

行政契约争议解决机制就是行政契约双方当事人在缔结、履行和消灭过程中，由于行政主体或者行政相对人的违约行为导致行政契约无法实现，为行政主体和行政相对人相互之间的权利义务关系设定的一套争议解决的机制。[2] 主要规定当事人在发生契约争议时可采取何种方式来弥补权利的损失。

由于我国长期以来对行政契约独立的法律地位没有予以确定，因此，有关行政契约的争议解决程序适用民事诉讼程序。例如，1984 年最高人民法院发布的《关于人民法院经济庭收案范围的通知》中，明确规定农村承包合同纠纷案件和经济行政案件由人民法院经济庭受理。在计划经济体制没有完全被改变的情况下作出这样的司法解释，是完全可以理解的。[3] 但是在市场经济体制逐步建立和完善的今天，如果我们仍然固守陈旧的观念，就不可能彻底解决行政契约所存在的全部争议。

沈开举教授认为，虽然国外解决行政契约纠纷有行政诉讼和民事诉讼两种诉讼途径，但我国解决行政契约纠纷不宜采取民事诉讼途径。[4] 原因

---

〔1〕 李霞：《行政合同研究——以公私合作为背景》，社会科学文献出版社 2015 年版，第 148 页。
〔2〕 付大学、段杰：《PPP 合同争议解决之行政裁决路径》，载《天津法学》2020 年第 4 期。
〔3〕 张步洪编著：《中国行政法学前沿问题报告》，中国法制出版社 1999 年版，第 106 页。
〔4〕 张步洪编著：《中国行政法学前沿问题报告》，中国法制出版社 1999 年版，第 106 页。

在于我国《民法典》明确规定“民法调整平等主体的自然人、法人和非法人组织之间的人身关系和财产关系”，而行政机关与自然人、法人和非法人组织之间的行政契约关系并非平等主体之间的民事关系，所以采用民事诉讼程序解决行政契约纠纷并不符合我国民事法律的规定。

对于行政契约争议解决机制，目前无论是理论界还是实务界都存在较大争议。由于在对行政契约性质的定性上，民商法学者与行政法学者有不同的理解，所以实践中也存在一定的混乱。根据我国目前的行政契约争议解决机制，是存在民事解决途径和行政解决途径两种并行的解决途径的，行政契约的当事人可以选择其一。

（二）行政契约争议解决机制的特征

在行政契约中，行政主体在行使行政权力时，难免基由于种种原因对行政相对人合法权益造成不法侵害，行政相对人也可能在一定情况下不严格按照合同的约定履行合同内容，侵害行政机关代表的公共利益。[1] 所以我国迫切需要建立健全相关的行政契约争议解决机制，制定解决各类行政契约侵权行为的程序、方法和遵循的原则等，用法律的强制力来约束和控制行政契约制度的签订、履行等事项，有效制止、纠正违法和不当的行为，以此补救行政契约当事人被损害的合法权益。[2]

行政契约争议解决机制的内容决定了行政契约争议解决机制应具有以下几方面的特征：

1. 以行政契约争议的存在为前提

行政契约争议解决机制产生和存在的基础应当是行政契约争议的存在。任何解决机制的产生和建立都是由于争议的存在，解决机制的作用是用来解决处理争议的，它不会脱离争议而独立存在，没有争议的存在，就

---

〔1〕 黄进、宋连斌、徐前权：《仲裁法学》，中国政法大学出版社2008年版，第2页。
〔2〕 武俊山：《论行政合同特权的法律控制》，载《理论探索》2004年第2期。

不会有相应的解决机制。[1] 在实践中，行政契约在具体运用中，不可避免地产生了大量的行政契约争议。为了解决这些争议，保护行政契约双方当事人的合法权益，必须建立行政契约争议解决机制。

2. 任何一方当事人认为其合法权益受到了不法侵害，均可启动争议解决机制

无论是在普通的民事活动中，还是在有关行政法律关系的活动中，契约当事人的合法权益都有可能被另一方侵害。这里的侵害在法律上是否成立，在审判过程中要依据当事人提供的证据和相关法律法规作具体分析。但只要一方当事人认为其合法权益受到了另一方的不法侵害，而且其与另一方当事人之间确实存在行政契约关系，就可以启动行政契约争议解决机制。[2] 因为任何救济制度都是为了补救不法侵害所造成的损害，没有损害就不存在救济制度。在行政管理活动中，既有行政相对人认为行政主体的行为侵害其合法权益的情况，也有行政主体认为其合法权益被行政相对人侵害的情况，无论哪种情况均可进入争议解决机制。

3. 只能依申请而进行，并且请求权由合同双方共同享有

行政契约争议解决机制是对行政契约双方当事人遭受不法侵害后提供的一种补救。因此，行政契约争议解决机制只能够依申请而进行，并且只有在行政契约当事人的申请提出之后，争议解决机制才能启动。[3] 而且行政契约争议解决机制的发起请求权不仅由行政相对人享有，作为另一方的行政主体也同时享有。

4. 主要目的是对侵权行为所造成的侵害进行救济，以保护合同当事人的合法权益不受侵害

行政契约在签订、履行过程中出现的违法或不当的侵权行为，既侵害了另一方契约当事人的合法权益，又损害了行政主体所代表的公共利益的

[1] 叶必丰:《行政法与行政诉讼法》，高等教育出版社2007年版，第154页。
[2] 杨解君主编:《中国行政合同的理论与实践探索》，法律出版社2009年版，第210页。
[3] 何渊:《论行政协议》，载《行政法学研究》2006年第3期。

实现，影响了行政效率，提高了行政成本。因此，行政契约争议解决机制的主要目的就是纠正违法行为，对侵权行为造成的侵害进行救济，保护行政契约当事人的合法权益，也同时维护公共利益，提高行政效率，维持行政管理秩序的正常运行。[1]

二、行政契约争议解决机制的类型

建立完善的行政契约争议解决机制是非常必要的。从实践来看，我国行政契约争议解决机制目前主要有民事途径和行政途径。

（一）以民事途径解决行政契约争议

1. 协商和解

我国在解决行政契约争议的法律制度建设中，比较强调通过协商和解方式解决争议。协商和解是指在争议发生后，双方在平等自愿的基础上进行磋商，互相交换意见、互相谅解，自行解决争议。协商和解是解决争议的重要方法，具有灵活、简单、速度快、效率高等优点。缺点是缺少强制约束力，当事人是否承担责任完全出于自愿；如果当事人无视法律规定，不履行法定职责，就容易发生推诿现象。[2] 协商和解对于行政契约当事人之间的纠纷是适用的。协商和解在行政契约争议的处理中从适用效率上比其他几种方式相对更高，行政契约双方当事人在缔结、履约过程中发生争议，绝大部分是以协商和解方式解决的，这有利于双方保持友好关系并进一步继续合作。[3] 协商和解成功要求满足以下几个条件：首先，纠纷双方必须有解决纠纷的愿望和诚意。如果一方毫无诚意，便不可能耐心听取对方的意见和主张，甚至会以协商为借口故意拖延不决。其次，当事人要做一定的妥协和让步，如果要价太高，就根本没有让步和妥协的可能，也不

---

〔1〕 余凌云：《行政契约论》，中国人民大学出版社 2000 年版，第 249 页。
〔2〕 应松年主编：《行政法学新论》，中国方正出版社 2004 年版，第 344 页。
〔3〕 王涌：《作为民法方法论的分析法学导论》，载《南京大学法律评论》1999 年第 2 期。

能够达成一致。最后，协商和解结果应当采用书面形式固定下来，当事人应当积极执行。

协商和解能够让双方当事人通过非正式的谈判与意见交流来消弭彼此对行政契约条款理解的差异以及有关纷争，作为非制度化的解决方法是很好的。可是由于我国相关法律法规的规定不足，这种救济方式没能很好地发挥其功能，出现了以下弊端：

（1）名为协商，实为强制。行政契约虽然名曰合同，但行政主体的行政特权还是存在的。〔1〕双方当事人就契约纠纷进行协商时，行政主体往往凭借其权力，以协商之名行强制之实，强迫行政相对人接受苛刻的条件或不合理的解决方法，严重损害了行政相对人的利益。如承包契约中，行政主体借公共利益之名，强迫行政相对人提高承包价格，否则就提前收回承包权。

（2）双方恶意磋商，损害国家、集体和他人利益。行政主体与行政相对人勾结，借协商之名，把国家、集体和他人利益让与行政相对人，致使国有资产、集体利益和他人权益遭受重大损失。〔2〕如国有企业承包合同中，行政主体与行政相对人勾结，压低国有资产的评估价格，降低承包费，实际上就对国家利益造成了损失。

（3）对协商和解过程中产生的问题无法监督。〔3〕如对上述情况发生时，哪个部门有权监督，人民是否有权监督，应当通过什么程序监督，目前的立法未作出明确规定，这不能不说是现行协商和解制度的缺憾。

2. 调解

调解是指发生纠纷的双方当事人，在第三者的主持下，互相协商，互

---

〔1〕张纳新：《浅析 PPP 项目争议解决机制的立法需求》，载《长春工程学院学报（社会科学版）》2016 年第 3 期。

〔2〕付大学：《PPP 特许经营权：一种混合财产权及其保护规则》，载《法学论坛》2016 年第 6 期。

〔3〕湛中乐、刘书燃：《PPP 协议中的公私法律关系及其制度抉择》，载《法治研究》2007 年第 4 期。

谅互让，依法自愿达成协议，由此解决纠纷的活动。[1] 在调解过程中第三者依照法律和政策的规定，对行政契约的双方当事人的思想进行排解疏导、说服教育，有助于打破双方僵持的局面。

所谓“当局者迷，旁观者清”，在调解过程中，处于旁观者状态的调解人，一般能通过分析判断，洞悉行政契约双方争议的问题所在，只要调解的方法得当，是可以化解行政契约争议的。但实践中，调解制度也存在不少问题，制约了调解制度的发展。在我国，调解人包括德高望重的人士、人民调解委员会、行政机关、仲裁委员会、人民法院等。如果调解人不公开听取双方意见，而是采取“暗箱操作”，就会损害其中一方的利益。又如，如果调解人先入为主，偏听偏信，就可能导致调解结果的不公正，调解书的可信度就会大打折扣，遭受不利的一方必然寻求推翻调解结果。

3. 仲裁

仲裁是指发生争议的双方当事人在自愿的基础上达成协议，将争议提交非司法机关的第三方审理，第三者就争议居中评判是非，并作出对争议各方均有约束力的裁决的一种解决争议纠纷的制度、方法或方式。[2] 随着我国仲裁制度的改革，在原来的行政管理体制下设置的解决国有企业承包租赁合同的行政机关内部的仲裁机构纷纷被撤销，依据《仲裁法》重新组建的仲裁机构，性质转变为民间组织。[3] 作为一种争议解决的方式，仲裁既有其优势，也有其不足之处。仲裁具有自主性、专业性、保密性、管辖确定性、费用低、速度快等优势；与诉讼的高成本、长时限相比，的确是解决行政契约争议的很好的选择。但是仲裁的局限性也很明显，如有时行政机关会出于种种原因拖延履行债务、逃避责任，行政相对人因不善于利

---

〔1〕 张一雄：《论行政合作契约的法律属性及其法制化进路——在公私合作背景下的展开》，载《法学论坛》2016 年第 4 期。

〔2〕 陈锦波：《我国行政裁决制度之批判——兼论以有权社会机构裁决替代行政裁决》，载《行政法学研究》2015 年第 6 期。

〔3〕 王小红：《和谐社会建设需要行政裁决制度》，载《北方法学》2008 年第 4 期。

用程序权利，形成程序侵权，而仲裁机构对此却难以采取强有力的对策。[1] 从实践来看，由于我国仲裁机关的权力比较有限，仲裁结果在很多情形下难以得到公正合理的执行，所以行政契约的当事人也对仲裁方式不太重视。我国《仲裁法》第 3 条明确规定，依法应当由行政机关处理的行政争议不能仲裁，这表明仲裁不得适用于行政契约争议。

4. 民事诉讼

在发生行政契约争议后，无法通过上述方式解决争议时，当事人向法院民事审判庭提起诉讼，是解决争议的最终救济途径。契约当事人可以先自行通过诉讼外方式解决争议，然后再诉诸司法途径，也可以在发生争议后，直接诉诸法院通过司法审判解决争议。实践证明，通过法院的审理，多数争议会得以解决。但是开启司法救济途径解决争议，也存在一定的缺陷。司法诉讼救济以成本高、周期长而著称，双方一旦进入诉讼阶段，就有可能形成累讼，耗费大量人力、物力和精力。

（二）以行政途径解决行政契约争议

1. 行政复议

行政复议是指公民、法人或其他组织认为行政机关或者法律、法规授权的组织所作的具体行政行为侵犯其合法权益，按照法定的程序和条件向作出该具体行政行为的上一级行政机关或法定机关提出申请，由受理申请的行政机关依照法定程序对被申请具体行政行为的合法性、适当性进行复查并作出复议决定的一种法律制度。[2] 目前，我国的行政契约纠纷大多是通过行政复议来解决的。行政复议对于纠正下级行政主体不正确行使职权而侵犯行政相对人合法权益的行政行为，的确是有益的。

---

〔1〕 苏南：《论 PPP 及 BOT 合同权利义务与争议仲裁——以我国台湾地区为视角》，载《南京大学法律评论》2017 年第 1 期。

〔2〕 朱锡贤、孙彪：《完善我国行政契约司法救济制度之构想》，载《人民司法》2001 年第 7 期。

行政复议在实践中的应用非常广泛，然而效果却并不十分理想。首先，根据《行政复议法》的规定，行政复议针对的必须是具体行政行为，而行政契约作为一种双方行为，与典型的单方性的具体行政行为具有较大差异，直接适用行政复议制度解决行政契约争议尚需一定的理论支持。其次，行政复议是行政复议机关通过行政方式解决行政争议，有“既做运动员，又做裁判员”的嫌疑，难以保证行政相对人的合法权益。[1]

2. 行政诉讼

因实践与理论的局限，《行政诉讼法》对行政契约未作特别规定。长期以来，人们热衷从私法契约角度来构筑行政契约理论，而不顾及其中的内在不亲和性。行政契约理论之所以迄今不发达，很大程度是因为减少了公法争议解决途径与结构。

诉讼作为维护社会公平正义的最后一道防线，具有公正、强制的特点，是争议双方常用的解决争议的方式之一。然而，现行《行政诉讼法》对行政契约争议的规定过于简单，仅能作为起诉及受案的指导。虽然2019年11月12日最高人民法院印发《关于审理行政协议案件若干问题的规定》中把行政协议列入行政诉讼受案范围，但是还没有在《行政诉讼法》予以体现。如该规定第2条规定，公民、法人或者其他组织就下列行政协议提起行政诉讼的，人民法院应当依法受理：政府特许经营协议；土地、房屋等征收征用补偿协议；矿业权等国有自然资源使用权出让协议；政府投资的保障性住房的租赁、买卖等协议；符合本规定第一条规定的政府与社会资本合作协议；其他行政协议。从上述司法解释的规定可以看出，以上六类行政协议已经被列入行政诉讼的受案范围，行政主体和行政相对人如果出现上述类别中签订的行政契约违约或者造成损失的，可以通过行政诉讼来解决该争议，这无疑为行政契约争议又开辟了一种解决争议的渠道，这是非常可喜的法治事件。为科学有效地解决行政契约争议纠纷，完

---

〔1〕 杨解君：《中国行政合同的理论与实践探索》，法律出版社2009年版，第218页。

善行政诉讼制度，就需要对行政契约诉讼进行全面研究，有必要从行政契约行政性的角度，对现有行政契约争议解决机制进行反思与重构。

三、现行行政契约纠纷解决机制存在的问题

当前，我国现行行政契约相关制度由于缺乏相应完善的法律规定，在行政契约纠纷解决机制方面还不完善。[1] 行政契约纠纷解决机制在理论和实践两个领域都没有完全达成共识，造成对行政契约纠纷是适用行政法上的救济模式还是民法上的救济模式存在不同的认识和看法。我国行政契约纠纷解决机制存在的问题主要表现在以下几个方面：

1. 理论研究指导思路不同造成理论认识产生偏差

众所周知，我国行政法学起步较晚，长期以来，我国多数部门行政管理法的起草参与者多为私法学者，特别是民商法、经济法学者（居多）。这些学者在讨论涉及行政契约等问题时会不自觉地以民事合同理论作为指导，继而在涉及行政契约救济制度方面受私法理论影响，造成行政契约纠纷解决制度在具体运用上呈现角色错位。[2] 过多渗透私法理论显然与行政契约的行政性是相悖的。行政契约只不过是行政部门管理公共事务的一种手段，本质上具有行政性。当前，世界各国的契约理论与实践都发生了很大变化，传统理论中的契约自由原则正变得日趋衰落，限制契约自由原则已为各国所承认。既然民事合同理论都在变化中，在私法理念指导下的行政契约相关理论没有不变的道理。行政契约自身所具有的行政性决定了它是不能适用契约自由、主体平等等民事契约理论的，或者说行政契约应该以主体不平等为其主要特征，用民事合同理论指导行政契约立法只会给行政契约纠纷解决带来矛盾和冲突。

---

〔1〕 马英娟：《论行政合同的程序控制》，载《河北大学学报》2001 年第 4 期。

〔2〕 江必新：《中国行政合同法律制度：体系、内容及其构建》，载《中外法学》2012 年第 6 期。

2. 相关立法分散，实体内容的规定多于程序内容

我国行政契约的立法散见于各个不同的法律法规和司法解释中，至今还没有一部统一的法典，更别说对行政契约作相对集中的规定。[1] 在分散的法律规定中，对行政契约的规范往往差异也比较大。经常是遵循不同的立法原则，规定不同的内容，很难看到有一个统一的立法原则贯穿始终，这就造成了各相关法律法规从形式到内容上的分歧。即便是在全国人民代表大会及其常委会公布的法律、国务院公布的行政法规、国务院各部委公布的行政规章以及最高人民法院公布的司法解释和批复中也是如此，缺乏应有的系统性。[2] 有些行政契约完全符合行政契约的构成要件，而有些行政契约更注重把"平等"放在第一位，容易被误认为是民事合同。至于行政契约程序性的规定就更少了。这主要是因为我国素有"重实体、轻程序"的法律传统。虽然我国日益重视程序法律规范的价值，力争制定一部适合我国的行政程序法，但是在统一的行政程序法出台前，我国重实体的整体执法环境并没有得到改变，这就成为我国行政契约制度发展中的一大缺憾。[3]

3. 特有的行政命令因素阻碍行政契约在实践中的运用

行政契约的本质属性是行政性。行政契约仅仅是一种在体制改革中替代行政命令的富有弹性的管理方式。行政契约的灵活使用必须排斥行政命令的强权态度。[4] 行政契约相对于行政命令的可贵之处在于行政契约体现出来的民主精神。[5] 然而，我国行政法长久以来注重行政权力，缺乏合同观念，使行政契约在实践中往往带有行政命令的色彩，如出现行政机关任意解除承包合同、利用行政权推卸合同责任的现象。[6] 例如，1988 年 10

---

〔1〕 于立深：《通过实务发现和发展行政合同制度》，载《当代法学》2008 年第 6 期。

〔2〕 乐宇歆：《对行政合同诉讼的探讨》，载《人民司法》2009 年第 21 期。

〔3〕 万丹：《行政合同责任初探》，载《行政论坛》2004 年第 5 期。

〔4〕 胡宝岭：《行政合同争议司法审查研究》，中国政法大学出版社 2015 年版，第 83 页。

〔5〕 于安：《降低政府规制——经济全球化时代的行政法》，法律出版社 2003 年版，第 35 页。

〔6〕 董茂云等：《行政法学》，上海人民出版社 2005 年版，第 136 页。

月20日由原物资部颁布的《国家合同订购机电产品管理办法（试行）》中，有行政相对人在一般情况下不得拒绝接受国家合同订购任务的规定。这样的规定容易使行政契约变质成为行政命令，行政相对人只有服从的义务，这与我国建设服务型的政府理念是格格不入的。要充分发挥行政契约制度的功能作用，就必须摒弃浓厚的行政命令色彩，否则行政契约将极易沦为行政机关逃避行政责任的工具，进而影响行政契约价值功能的实现。

4. 由于在实践中缺乏系统的法律规范，行政契约纠纷案件会出现被混同于民事合同案件处理的情况

法院处理同类行政契约案件出现不同处理结果，使当事人在行政契约诉讼的道路上异常艰辛。[1] 在多种类型的行政契约中，如果法律有明确规定，则在产生纠纷时容易为法院所识别。但对于有些表象特征不是很明显的行政契约所产生的纠纷，如何予以法律救济就成为一个问题。余凌云教授在其专著《行政契约论》中提到了假契约行为，如行政相对人与有关部门签订的“消防安全责任书”、行政机关内部签订的“执法目标责任书”等[2],这些行政契约都带有共同的特点，就是行政性有余而合意性不足，如果发生纷争将很难诉诸法院。此外，在行政契约中还有可能同时包括纯粹民事性合同的规定，对这个问题如何解决也没有形成统一的认识。我国现阶段仍有诸多行政契约纠纷案件被民事审判庭适用民事诉讼程序解决。

事实上，行政契约争议并不适合纳入民事案件的审理范围。原因在于，民事审判庭本身受理的案源就比较广泛，况且民事合同与行政契约根本就是两类合同，民事法官缺乏相应的处理行政案件的专业知识与经验，在审理模式上很难摆脱民事案件审理的窠臼，不利于对行政契约案件的公

〔1〕 周国均主编：《中国法学文丛：行政法行政诉讼法卷》，中国人民公安大学出版社2004年版，第36页。

〔2〕 余凌云：《行政契约论》，中国人民大学出版社2000年版，第84页。

正审理。[1] 相比之下，行政争议的数量明显少于民事争议，行政审判庭法官可以有更多的精力来处理行政契约纠纷案件，加之行政审判庭法官较民事审判庭法官具备专业的处理行政案件的素养，所以行政审判庭审理行政契约纠纷具有显著优势。需要注意的是，行政主体拥有的行政优益权使行政法主体区别于一般民事主体，其可能在行政契约中滥用权力，侵害行政相对方的合法权益。[2] 如有的行政主体在签订行政契约时，会剥夺行政相对方的自由选择权，强制推行不平等条款，使行政契约演变成行政决定。此时就要求法院在案件的审理过程中严格把握公共利益与私人利益的边界，建立起公共利益考量的标准。[3] 例如，《城镇国有土地使用权出让和转让暂行条例》第 42 条规定："国家对土地使用者依法取得的土地使用权不提前收回。在特殊情况下，根据社会公共利益的需要，国家可以依照法律程序提前收回，并根据土地使用者已使用的年限和开发、利用土地的实际情况给予相应的补偿。"法院在适用此项条款时就要审慎把握。

笔者认为，当前的行政契约争议解决方式仍然存在以下问题：(1) 没有引入中立、专业的第三方机构提供公正、专业的争议解决服务。我国《仲裁法》没有把行政契约争议纳入仲裁的受案范围，应当在修改《仲裁法》时把行政契约纳入仲裁受案范围，同时加强对仲裁委员会的监督和管理，确保其解决行政契约争议的独立性和公正性。(2) 没有推动相关行政契约在线争议解决平台建设。当前我国已经进入信息化时代，借助互联网技术，建立在线争议解决平台势在必行，这必然会为行政契约争议解决提供更加快捷、高效的方式。(3) 参与主体的能力和意识有待提升。对此，要加强对行政主体、行政相对人的法律意识和行政契约意识的培养。(4)《行政诉讼法》没有把行政契约类纠纷纳入受案范围。建议在修改

---

〔1〕 莫于川主编：《行政法与行政诉讼法》，中国人民大学出版社 2012 年版，第 130 页。

〔2〕 马怀德主编：《行政程序立法研究：〈行政程序法〉草案建议稿及理由说明书》，法律出版社 2005 年版，第 58 页。

〔3〕 施建辉、步兵：《政府合同研究》，人民出版社 2008 年版，第 126 页。

《行政诉讼法》时，吸收《最高人民法院关于审理行政协议案件若干问题的规定》的内容，将行政契约争议纳入行政诉讼受案范围，对行政诉讼救济方式进行完善。

由于以上问题的存在，我们可以看到，行政契约纠纷的解决渠道仍有不畅之处，很多规则亟待确立。

第四章　世界主要国家行政契约争议解决机制研究

西方国家主要通过行政法上的解决方式来解决行政契约争议纠纷，即使有协商、仲裁或者行政机关内部裁决等司法以外的解决方法，但均坚持以司法途径作为解决的最终原则。[1]

当今世界存在两大法系，即以英国和美国为代表的英美法系、以法国和德国为代表的大陆法系。英美法系国家解决争议纠纷以判例法为主，以制定法辅之；大陆法系国家以制定法作为解决争议纠纷的依据。由于法律的历史传统不同，在行政契约的争议解决中，两大法系的国家也存在各自的特色。综观世界各国的行政契约制度，大致可以分为三种类型：第一种是英美法系国家以普通法为本位的政府契约；第二种是法国以行政为本位的行政契约；第三种是德国以契约为本位的行政契约。[2] 一个国家行政契约的类型又决定了该国行政契约争议解决机制的价值取向及所适用的整体法律框架，即决定了其行政契约争议解决模式。因此，可以将西方主要发达国家行政契约争议解决模式大致分为三类：普通法争议解决模式、公法争议解决模式和公私法混同争议解决模式。

“他山之石，可以攻玉。”研究英美法系与大陆法系国家的行政契约争

---

〔1〕 周国均主编：《中国法学文丛：行政法行政诉讼法卷》，中国人民公安大学出版社2004年版，第253页。

〔2〕 王名扬：《英国行政法》，中国政法大学出版社1987年版，第126页。

议解决机制，对于研究我国行政契约争议解决机制有着积极的借鉴意义。

第一节 英国行政契约争议解决机制研究

一、英国行政契约争议解决机制概述

在英国，传统的观点认为，行政机关只要违背法律规定而侵害公民的权利，就应负赔偿责任。这个观点在 1842 年上议院对佛格森诉基诺尔案件的判决中非常明确——当一个人有重要的义务需要履行时，他必须履行义务。如果他忽略或者拒绝履行义务，其他人因此受到侵害时，受害人对其所受损害有权起诉要求赔偿。[1]

行政契约必须遵守。行政机关不能因缔结行政契约蒙受损失而不履行行政契约所规定的义务，违背行政契约必须负担赔偿责任。另外，行政机关和私人不一样，具有很多法定的权力。根据 1947 年《英国王权诉讼法》第二节的规定，英国国王的侵权行为责任有以下几种：第一，对英国国王的公仆及代理人在执行职务中的侵权行为负代替责任；第二，违反普通法上雇主对受雇人或代理人的义务，受害方（受雇人或代理人）有权规定损害补偿，但不能解除合同；第三，普通法上的财产所有人、占有人就该财产对第三者所造成的损害应负赔偿责任；第四，违反法定义务的责任。[2]因此，在英国，公民、法人或者其他组织与行政机关签订行政契约后，因行政机关不履行契约义务，使其遭受财产损失或人身损害的，可以提出行政赔偿。

英国行政契约争议解决机制采取的是普通契约法与特殊规则互为补充的救济模式。英国政府签订的契约所涉领域除与行政相对人签订的涉及人

---

〔1〕 张越编著：《英国行政法》，中国政法大学出版社 2004 年版，第 289 页。

〔2〕 肖蔚正等编译：《西方主要国家行政法　行政诉讼法》，红旗出版社 1998 年版，第 288 页。

身权和财产权的契约外，还包括政府官员的人事聘用契约。行政机关具有的双重身份，将政府契约争议统由普通民事契约争议解决方式来解决，从而带来一系列的问题。政府具有法定职权的同时，还要作为契约的一方当事人承担契约义务，当职权和义务发生冲突该如何解决呢？在英国这种行政机关行使职权需要议会授权的国度，行为越权则无效，故当议会授权与政府契约义务相矛盾时，议会亦没有提供切实可行的解决办法。[1] 1947年英国颁布实施的《英国王权诉讼法》只改变了程序法方面追诉政府契约责任规则，至于实体法方面的规则并没有改变。英国对政府契约救济体现出合同性较强的特点，对当事人双方的保护是平等的，私人利益同公共利益一样享受司法的平等对待。在订立合同时行政机关的权限受到严格限制，越权行为无效，法律后果要由行政机关自行承担。在不区分公法和私法争议的救济管辖体制下，政府契约纠纷统由普通法院适用《英国王权诉讼法》审理，并根据政府（机关）签订契约时所执行的任务是否涉及管理或公共规制的方式来确定是否适用司法审查。[2] 司法审查主要是对原告期待的合法性与行政机关行为的公共利益性进行审查。司法审查的救济手段主要是当事人向高等法院王座分院请求用英国国王的名义发布提审令、禁止令等特权令，或者采用传统救济方式如确认判决、赔偿损害等。当事人如果对高等法院王座分院的判决不服可以逐级上诉，这在英国的救济模式中是常见的。在英国有一个现象，就是政府契约纠纷很少诉诸法院。这是由于当事人和行政机关建立的是长期合作关系，追求的是利益的最大化，如果动辄诉诸法院必将有损双方关系，且不利于政府合同目的实现。

英国行政契约争议解决机制在历史上存在一个演变的过程，首先，中央政府（the Crown，也有人也译成“英王”）的违约责任是通过古老的权

---

〔1〕 张越编著：《英国行政法》，中国政法大学出版社2004年版，第257页。

〔2〕 陈中泽、何琳：《英法行政诉讼外救济手段比较与借鉴》，载《武汉理工大学学报（社会科学版）》2002年第6期。

利请愿程序（procedure of petition of right）解决的。[1] 此外，在一些特别情况下，英国法律还提供了其他解决争议的方式。比如，1919 年《英国运输部法》（the Ministry of Transport Acts）明确规定了运输大臣的合同责任，允许当事人诉诸普通诉讼。[2] 但 1947 年《英国王权诉讼法》废除了上述解决方式，规定了统一的解决争议的程序。[3] 在实践中，英国行政契约引起的争议几乎很少诉诸法院，通常是由政府和当事人通过非正式谈判或者仲裁解决。[4] 如果英国公民或者法人尤其是在行政契约上的权利和利益由于行政机关的活动受到侵害或可能受到侵害，就可以通过行政处理机制、司法诉讼机制、行政赔偿机制、议会处理机制等途径解决。

二、英国行政裁判所制度

英国的行政裁判所机制是行政系统内部对行政契约争议的处理制度，更准确地说是法院以外的行政机关对其自身或者下级行政机关的行为所实施的监督。包括向决定原机关的申诉、向上级行政机关的申诉、向部长的申诉，向部长以外的中间机构申诉等。[5]

行政裁判机制又称为行政司法制度，是指行政契约受侵害的一方当事人对层级复议的决定不服，向法定的行政裁判所上诉，请求行政裁判所依照《1958 年行政裁判所与调查法》裁决行政争议的制度。英国行政裁判所的裁判程序和法院一样，采取的是对抗式模式而不是纠问式模式。但是行政裁判所不受法院证据规则的束缚，如可以采纳传闻证据、在大部分行政裁判所中证人不必宣誓等，且行政裁判所的裁决经多数人同意即可通过，不必全体一致。[6]

---

[1] 宋华琳：《英国的行政裁判所制度》，载《华东政法学院学报》2004 年第 5 期。
[2] 王名扬：《英国行政法》，北京大学出版社 2007 年版，第 157 页。
[3] 杨桢：《英美契约法论》，北京大学出版社 1997 年版，第 260 页。
[4] 胡建淼：《比较行政法：20 国行政法评述》，法律出版社 1998 年版，第 247 页。
[5] 王名扬：《英国行政法》，中国政法大学出版社 1987 年版，第 223 页。
[6] 刘莘：《行政合同刍议》，载《中国法学》1995 年第 5 期。

具体而言，向决定原机关的申诉又称原级行政复议，是由原决定机关对自己的决定进行反省并作出处理，这在英国主要是作为行政处理的最初环节存在的。向上级行政机关、部长的申诉又称为层级复议或行政上诉。所有对原决定不服的当事人可以向有管辖权的机关提出进一步的申诉，请求上级行政机关、部长纠正下级行政机关的错误。公民的权利和利益受到行政机关侵害向部长申诉时，主要是针对地方政府的行为。这种申诉不是公民的当然权利，只在法律有明确规定时才存在。例如，在《1990 年英国城乡归划法》和《2004 年规划与强制性购买法》中都有向部长申诉的规定，部长的权力以法律的规定为限。通常，对于向部长申诉，法律往往规定部长可以就地方政府决定的事实、法律方面以及决定是否妥当进行全面考察，有权变更地方政府的决定。不服部长的决定，对于法律问题，通常可向高等法院上诉。但是，地方政府的决定有时可能就是依据中央政府的意思作出，部长很难以局外人的态度对待申诉中的问题。因此，向部长申诉很难在实践中得到广泛运用。

行政裁判所能在非常保守的英国得到发展，与其以下的优点是分不开的。第一，对行政决定进行更为全面的审查；第二，为公民提供更有效率的救济；第三，减轻法院的负担。[1] 然而，英国的行政裁判所只能在法律规定的某一特殊领域内实施管辖权，并不是所有的行政争议都要诉诸行政裁判所，对行政裁判所的处理决定不服的，还可以向普通法院提起诉讼。

总之，行政裁判所是处理专业行政争议的机构，依据法律明文规定而设立，由行政裁判所委员会监督和指导。[2] 随着社会的进步，一些专门领域有可能出现复杂的纠纷，而这些纠纷往往是发生在行政部门与私人个体之间，因此行政裁判所这种形式就应运而生。[3] 行政裁判所处理的争议范围广泛，包括社会安全、雇用、土地、租赁、运输等。行政裁判所的裁决

---

〔1〕 宋华琳：《英国的行政裁判所制度》，载《华东政法学院学报》2004 年第 5 期。

〔2〕 王文惠：《行政裁决法律制度主要问题探究》，载《法学》2010 年第 2 期。

〔3〕 王名扬：《英国行政法》，北京大学出版社 2007 年版，第 283 页。

经多数人同意即可通过，不必全体一致。行政裁判所之间彼此独立，没有组成一个和普通法院平行的体系。行政裁判所的裁决受普通法院的司法审查，法院可以通过“特权”命令对行政裁判所实行部分控制权，以确保行政裁判所遵循自然公正原则。[1]

三、英国议会行政监察专员制度

政府向议会负责是英国不成文宪法的重要原则。公民由于行政活动受到侵害时，可以通过本选区议员促使部长注意，也可由议员在议会中提出质问或提议进行辩论。对于重大问题，议会可以通过决议成立调查法庭。但议会救济只适宜解决重大问题，如政策问题、行政效率问题等，对于一般行政问题往往缺乏实效。主要原因如下：（1）一般行政问题很难引起议员注意。（2）在议会救济中受害人对自己案件的申诉没有主动权，必须依赖议员进行，但议员的行动往往受政治因素影响而很难公平。（3）有很多行政活动，如地方政府所采取的措施、独立的行政机关的决定、行政裁判所的裁决等，都不受部长的管辖，部长不对此向议会负责。（4）议会救济，这种手段时间迟缓，议员必须等待部长的答复、补充答复，而且最后可能得不到满意的结果。所以，实践中，鲜有公民采用此种救济手段。[2]

对于政府侵害行政相对人权益的情形，1967 年，英国确立了议会行政监察专员制度。[3] 议会行政监察专员是依 1967 年的《议会行政监察专员法》（Act on the Parliamentary Ombudsman for Administration）设立的。无论是自然人还是团体，只要其因行政机关实施的或他人代该行政机关实施的行政管理行为而受到利益侵害时，都可以向下议院议员提出申诉，由议员决定是否交付行政监察专员处理。

---

〔1〕 See Hazel Genn, Tribunal Review of Administrative Decision-Making, in Administrative Law & Government Action , Edited by Genevra Richardson & Hazel Genn, 1994, p. 253.

〔2〕 See Robert Braucher, Arbitration Under Government Contracts, Law and Contemporary Problems, Vol. 17, No. 3, Commercial Arbitration: Part 1, p. 473.

〔3〕 王名扬：《英国行政法》，中国政法大学出版社 1987 年版，第 249 页。

行政监察专员没有权力决定补救方法，其只能提出建议，通常是建议行政机关在法律规定以外补偿受害人的损失，或者修改原来的行政决定。如果行政机关拒绝建议，行政监察专员可能会提出一个特别的报告而给行政机关增加压力。议会行政监察专员制度从实施以来已经取得不少成绩。通过行政监察专员的干预，受害人得到了一些通过法律手段得不到的补偿。而且，议会行政监察专员通过对当事人申诉的调查，能够发现个别行政管理不良的情况，从而通过对此进行改良来提高行政效率。可以说，议会行政监察专员对行政契约争议的解决具有非常重要的作用。

四、英国普通法院解决行政契约争议制度

英国不存在行政法院体系，英国行政契约纠纷全部由普通法院管辖。在行政契约与私法合同的区分上，英国采用双重标准，即契约的一方当事人必为承担公共职责的机关，契约所涉事项与公法有关。

1977 年《英国最高法院诉讼规则》（Rules of Procedure of the British Supreme Court）修改前，英国行政契约的司法审查常通过普通程序提起，当事人可向法院申请禁止令、宣告令或申请损害赔偿。普通救济程序是私法救济，其目的主要是救济个人，保障个人及其延伸组织的权利不受行政机关的侵害。在普通程序中，行政机关的地位与其他当事人完全相同。[1]

1977 年《英国最高法院诉讼规则》修改，制定了统一的最高法院第 53 号令，后该令被纳入修改后的《英国民事诉讼法》。现行英国行政契约诉讼以最高法院第 53 号令为主要依据，当事人可根据案件的具体情况，申请各种令状。英国法院判例承认行政机关在行政契约中的“公共利益特权”，但要求这种特权必须理性运用。在行政契约诉讼中，法院主要审查原告的期待是否合法，以及行政机关是否有压倒一切的公共利益理由。对公共利益采用合理性标准，不合理即为越权。对行政契约诉讼中不涉及行

〔1〕 王名扬：《英国行政法》，北京大学出版社 2007 年版，第 246 页。

政机关"特权"的部分，一律适用一般契约规则。[1] 值得说明的是，在实践中，英国的政府合同纠纷几乎很少诉诸法院，通常是政府和当事人通过非正式谈判或者仲裁解决。较早研究政府合同的科林·特宾（Colin Turpin）认为，政府合同中出现的一些问题，在普通合同法中找不到适当的解决方法，也不能通过司法创制法得到满足，但政府合同的纠纷能很好地解决，主要原因是：第一，政府合同争议只有极少数是由法院裁决的；第二，在政府合同中使用的标准条款有效地规范了所产生的许多特殊问题。[2]

第二节　美国行政契约争议解决机制研究

一、美国行政契约争议解决机制概述

在美国对政府合同行政契约争议处理的运作机制中，行政机关内部设立的契约申诉委员会也起到了很大作用。美国对政府合同行政契约争议通常由行政机关部门一位特别合同执行官员来裁决；对该裁决不服的，可向行政机关的合同申诉委员会或者赔偿法院限于金钱赔偿诉讼申诉；如果仍不满意，可向联邦巡回上诉法院上诉。[3] 在美国，国会会对行政机关的违法行为予以制约与控制。

二、美国行政契约争议行政处理机制

在美国，行政契约被称为公共契约（public contract）或征购契约（acquisition contract），规范行政契约的主要法律文件包括《美国公共契约法》

[1] 周国均主编：《中国法学文丛：行政法行政诉讼法卷》，中国人民公安大学出版社 2004 年版，第 262 页。
[2] 余凌云：《行政契约论》，中国人民大学出版社 2000 年版，第 154 页。
[3] 王名扬：《美国行政法》，北京大学出版社 2007 年版，第 219 页。

与《美国联邦征购规则》。[1] 美国行政契约的一个重要特点是多采用由政府律师精心起草的行政契约格式文本，且文本条款因经过多次司法裁判而意义清晰。

美国行政法的核心就是由法院按照英国普通法和衡平法的原则，对行政活动进行司法审查。[2] 早期由于受自由放任主义的影响，认为良好的政府是最少干预公民活动的政府，因此，行政机关在行政争议解决中并不处于重要地位，而是由契约争议的双方当事人自行解决契约纠纷。在19世纪中后期，由于技术的进步，出现了大企业和独占性企业，市场调解无力控制，中小企业和工人、小生产者和大企业者在发生争议纠纷后，基于保护自己利益的需要，要求政府对经济活动加以干预。起初，地方政府和州政府还能对经济活动加以干预，后来联邦政府在州政府和地方政府力量不够的情况下，开始对某些经济活动进行控制。联邦政府承担了国家各种特定的经济活动和社会事务，还可以审理由此引起的行政争议案件。当事人对独立控制委员会的裁决不服，可向其申请复议，要求重新审查。[3] 美国联邦各部所属行政机关根据法律的规定，能够裁决不服本机关决定的个人和本机关之间的争端，或者裁决私人相互之间的争端。当事人对行政机关职员的裁决不服时，可以向本机关的主管官员，即部长提出行政上诉，申请解决行政争议。

三、美国行政契约争议国会解决机制

美国国会有权对行政机关的活动进行全方位的控制，包括事前的控制、执行中的监督和事后的检查。对行政机关来说，这种控制来自行政系统以外，和法院的控制相同，但国会控制的范围远超过法院。法院对行政

---

〔1〕余凌云：《行政契约论》（第2版），中国人民大学出版社2006年版，第135页。

〔2〕王名扬：《美国行政法》，中国法制出版社2005年版，第158页。

〔3〕［美］道格拉斯·G. 拜尔等：《法律的博弈分析》，严旭阳译，法律出版社1999年版，第247页。

活动不能进行事前的控制，因为法院实行不告不理制度，不能主动进行控制。相反，国会可以进行事前控制、主动控制。国会除控制行政机关的活动外，也控制行政机关的人员。[1] 行政机关与公民、法人签订的行政契约争议也在国会的控制范围内。

在监督制约政府方面，美国除了体制外的反对党、新闻媒体的力量外，体制内的立法部门也发挥了巨大的作用。具体地说，美国国会对政府的监督涉及五个方面的内容：第一，政府执行法律的情况；第二，政府使用国会拨款的情况；第三，政府人员的从政行为；第四，政府的机构设置；第五，政府的决策程序。[2] 在监督制约政府方面，美国国会的积极性与能力可以说是各国代议机构中较强的。

为了避免国会监督政府时心有余而力不足，美国在其《宪法》中赋予国会如下职权：立法权、财权、任命监督权、条约批准权、弹劾权和调查权。美国国会对行政契约争议享有调查权，调查是国会经常进行的一种活动，虽然调查过程可以与国会的所有功能相关，但是它在监督方面的作用不容忽视。[3] 到了20世纪30年代，虽然国会立法所涉及的社会生活范围越来越广，但是它的实际决策作用却越来越小于行政部门，它越来越侧重对政策进行监督。但从20世纪70年代初，由于美国参众两院陆续制定了一系列新规则，授予各常设委员会更广泛的监督权，进一步强化了国会的监督功能，国会扩大监督权的努力也得到了最高法院的支持。

四、美国法院对行政契约的司法审查

法院对行政契约的法律问题有最终管辖权。美国的情况和英国类似，采取的也是普通契约法与专门立法互为补充的救济模式。在美国，政府契

---

〔1〕［美］道格拉斯·G. 拜尔等：《法律的博弈分析》，严旭阳译，法律出版社1999年版，第129页。

〔2〕蒋劲松：《美国国会史》，海南出版社1992年版，第468页。

〔3〕袁兆霆：《美国国会监督政府的积极性、能力及存在的问题》，载《人大研究》2010年第2期。

约包括政府采购契约、转让政府财产契约和以契约方式实施政府活动。政府契约双方当事人的关系是平等的行政“伙伴”关系，行政机关一般不享有优益权，在相对人不履行合同义务时，只能按照民事诉讼争议的解决程序申请法院强制执行，只有在立法授权等特殊情况下才享有优益权。美国救济模式的一大特色便是在适用判例的同时大量适用成文法与特殊法规。在美国政府部门内专设缔约官，负责在权限内按法定程序缔结政府合同，政府机关设立的合同申诉委员会成为美国政府合同纠纷解决的重要部门。此外，与英国相同，美国在政府合同中的行政特权也受到严格限制，同样只有在授权或有明确约定时始得行使，越权行为无效。《美国合同争议法》是解决合同争议的主要依据。该法规定，双方当事人都可以就合同争议提起诉讼，即不再限定为一方主体。这就把缔约双方当事人置于平等保护的法律地位，更全面地保护了缔约双方的利益。对于美国联邦法院的判决，只有在“显然错误”时，联邦巡回法院才可对其判决予以否认。除此之外，缔约双方协商、谈判、仲裁等救济方式在美国政府合同救济领域也广泛应用，适应了本国政府合同发展的需要，为合同纠纷的解决提供了良好的制度基础。美国的政府合同发展了私法上的所谓“缔约道德”理论，用列举的方式规定了缔结政府合同的三类禁止事项：可能影响政府公正决策的“不当商业惯例”、政府或公务员与合同商的不当利益交换、妨碍或限制竞争的行为等。政府是否缔结行政契约、是否履行行政契约等决定，法院对此采取有限司法审查，即相对人只能以政府决定存在“欺诈”为由请求司法审查。法院对此“欺诈”采取的审查标准为：政府决定是否存有欺骗、是否反复无常、是否专断、是否总体错误以及是否缺乏实质性证据支持。美国行政契约的司法审查主要存在下列两个领域：一是对涉及行政契约的行政决定的司法审查。关于行政契约法律问题，法院有最终管辖权。如果行政契约中约定政府对法律问题有权作出最终决定，此条款无效，法院对法律问题有最终决定权。[1] 二是对契约上诉委员会决定的司法审查。美国因行政契约而起的其他纠纷均通过民事诉讼途径解决，如行政机关对行政相对人提起的索赔。

如前所述，《美国合同争议法》和《塔克法案》规定在缔约人要求行政机关承担违约责任时应当实行“缔约官先行处理原则”。缔约人对缔约官的决定不服，有两种选择：或者是在90日内向相应的合同上诉委员会提出申诉，若对合同上诉委员会的裁决不服的，在60日内起诉至美国联邦巡回法院；或者是在1年内向美国联邦巡回法院提起诉讼，由联邦巡回法院对合同上诉委员会的决定进行司法审查。如果行政机关要求相对人承担违约责任，则可以作为原告向法院提起“执行诉讼”，请求相对人履行义务。除上述两项外，美国因行政契约而起的其他纠纷均通过民事诉讼途径解决。

第三节　法国行政契约争议解决机制研究

一、法国行政契约争议解决机制概述

法国作为行政契约的发源地，其相关理论研究和实践经验较其他国家更为发达。法国行政契约的主要特点是以行政为本位，因此其行政契约争议解决机制的构建也深受影响。由于法国是典型的大陆法系国家，先有行政再有合同，因此行政契约被用来进行行政管理、行使行政职权，在对缔约双方进行权益保护的同时给行政契约打上了深深的行政性色彩，这使给予双方平等地位的保护成为一种奢望。为了更有利地保护公共利益，法国立法机关赋予了行政机关一系列行政特权。例如，行政机关可以事先不经过对方当事人的许可即可凭借“公共利益”的需要单方行使特权。这给行

〔1〕 王名扬：《美国行政法》，中国法制出版社2005年版，第263页。

政相对人带来了不利影响，使其处于不平等的法律地位。因此，《法国行政法》确定了经济利益平衡权，以平衡相对人在缔约过程中所受的损失。经济利益平衡权主要包括统治行为的补偿权和不可预见的情况的补偿权，在弥补行政相对方损失的同时，又使行政主体的特权得以保全。这在客观上维护了行政相对人的利益，但是这对行政相对人的救济显然是不够的，因为在拥有强大行政优益权的行政主体面前，行政相对人的力量不足以与之相抗衡。除此之外，行政相对人还享有因行政主体行使特权而遭受损失的补偿权。法国行政机关根据公共利益的需要，有权变更、解除合同，同时也承认对方当事人有获得赔偿的权利。尽管《法国行政法》规定了行政相对方的两种求偿权，但同时又通过立法在合同中赋予了行政机关非常宽泛的权力。

法国既有完整的行政契约法律制度，又有系统的行政契约理论。《法国行政法》对行政契约和一般民事契约有明确的划分。这同他们有明确的公法、私法划分，以及实行双轨制审判制度密切相关。[1] 根据法国行政契约的理论和实践，其鼓励采取诉讼以外的方法解决行政契约的争议。由于法国的行政契约理论发展比较成熟，因此，法国的行政契约争议解决制度也是比较完善的。在理论和实践中，法国通过行政处理机制、议会救济机制、司法诉讼机制等来解决行政契约的争议。

二、法国行政处理机制

法国中央政府总理府中有一友好协商咨询委员会，其设立的初衷即为寻求除工商企业以外国家机关合同的友好协商解决。根据 1981 年 3 月 18 日命令的规定，法国友好协商咨询委员会的成员由最高行政法院法官、审计法院法官、与合同有关的行政机关代表及职业团体代表组成。如部长和公共工程承包人都可以把争议向友好协商咨询委员会提出。友好协商咨询

---

〔1〕 胡建淼：《比较行政法：20 国行政法评述》，法律出版社 1998 年版，第 224 页。

委员会会在听取合同双方当事人及有关人员的意见后作出决定，并通知双方当事人。行政机关在收到友好协商咨询委员会的决议后，应在2个月内将其处理意见通知承包人和友好协商咨询委员会秘书处。当事人拒绝友好协商咨询委员会的决定时，可以向行政法院起诉。[1]

法国法律原则上禁止公法人进行仲裁，但在得到有关机关批准后，可以对公共工程承包合同和供应合同进行仲裁。有权批准的机关和方式由财政部长和有关部长副署（正式法令或文书上有关负责人在正职人员签署之后连同签署，谓之副署）的部长会议命令规定。

在法国，公民对于行政机关的一切决定都可以请求行政救济，承包人对执行承包合同的争议当然也不例外。[2] 这种行政救济就是我们所说的行政复议制度在法国的表现形式。行政救济是当事人对抗违法的行政行为最常用的两种手段之一，受理行政救济的机关为原来作出行政决定的机关及其上级机关。行政机关对行政行为的合法性和适当性进行审查，在不损害当事人和第三者既得权利的范围内，可以撤销、变更原来的行政决定，也可以在其本身职权或监督权范围内，另外作出一个决定代替原来的决定。行政救济的申请不受时间和形式的限制。[3] 法国的行政救济，根据受理机关不同，可以分为层级救济和善意救济。层级救济是当事人向作出决定机关的上级机关申请的救济，以善意救济为基础。上级机关根据监督权力，对下级机关的违法和不当行为，在不损害当事人和第三人既得权益的情况下，可以撤销、废除和变更原决定，也可以另外作出一个决定代替原来的决定。善意救济是行政救济的一种，其特点是行政行为的被侵害人向原行政机关申请救济。获得善意救济是公民的当然权利，除非法律、法规有明文规定或默示排除。[4] 原行政机关受理当事人的善意救济申请后，可以依

〔1〕 王名扬：《法国行政法》，中国政法大学出版社1988年版，第140页。
〔2〕 张正钊、韩大元主编：《比较行政法》，中国人民大学出版社1998年版，第24页。
〔3〕 王名扬：《法国行政法》，中国政法大学出版社1988年版，第237页。
〔4〕 王名扬：《法国行政法》，中国政法大学出版社1988年版，第253页。

职权维持原决定，也可以撤销原决定，使它自始至终不发生法律效力，还可以改变原决定，并作出一个新的决定。

法国的调解专员制度是针对违法或不良的行政管理活动而设立的救济制度。该制度受瑞典的议会司法专员制度和英国的议会行政监察专员制度的影响。调解专员的职务范围很广，受理当事人对国家中央行政机关、地方行政机关、公务法人机关以及负有执行任务的私人机构的各种申诉案件。调解专员拥有下列权力：一是调查权。调查专员必须进行调查，才能确定当事人申诉是否合理，以及对于合理的申诉应当建议采取何种措施。二是调停权。在绝大多数情况下，调查专员所受理的案件以调停终结。因为调解专员认为申诉有理由时，一般能够说服行政机关修改原来的决定。三是建议权。行政机关不接受调解专员的调停时，调解专员可以向行政机关说明理由提出其所建议的解决措施，并说明理由。被建议的行政机关在规定的时间内必须作出答复，否则，调解专员可以把其建议公开发表。四是报告权。调查专员的报告有以下几种形式：（1）年度报告；（2）特别报告；（3）公开发表建议；（4）案件结束时的报告。法国的调解专员制度，可以弥补诉讼救济的不足，也可以弥补行政救济的缺点。调解专员以局外人的地位考虑当事人的申诉，可以避免行政机关的成见，在改良行政机关和公民的关系上，能够产生积极的作用。但其缺点在于，当事人必须通过议员转交申诉，而不能直接向调解专员申诉，且调解期间不中断行政诉讼的时效，而调解又不能妨碍判决的效力，造成了调解救济和诉讼救济不能兼容的局面，给当事人的选择造成困难。[1]

法国的行政契约[2]是行政机关行使公权力的另一种形式。在公共工程承包合同中，承包人可以向代表行政主体签订合同的机关或其他上级机关申诉，也可以直接向行政法院起诉。行政救济作为排除不法行政行为、

---

〔1〕杨欣：《行政合同诉讼比较研究》，载《湖北警官学院学报》2004年第2期。

〔2〕包括公共工程承包合同、公共工程捐助合同、公务特许合同、独占使用公用公产合同、出卖国有不动产合同等。

解决行政争议以及恢复和弥补公民、法人和其他组织受损合法权益的行政制度，是由许多手段和措施构成的。[1] 受理行政救济的机关为行政机关，即原来作出行政决定的机关及其上级监督机关。当事人对于违法的行政行为和不当的行政行为均可申请行政救济。受理行政救济的行政机关，在不损害当事人和第三者既得权利的范围内，可以撤销和变更原来的决定，也可以在其本身职权或监督权范围内，另外作出一个决定代替原来的决定。

三、法国司法诉讼机制

法国行政契约诉讼属于行政诉讼的范畴，由法国行政法院管辖，与行政主体赔偿责任诉讼一起，构成法国最典型的完全管辖权之诉。完全管辖权之诉即行政契约属于双方行为，如当事人一方违约，另一方可以向行政法院提起完全管辖之诉请求损害赔偿，而对于可以与行政契约分离的行为，如行政主体特权行为，则允许提起越权之诉。行政契约诉讼的受案标准有三：（1）契约的当事人中必有一方是行政主体；（2）契约的目的是直接执行公务；（3）契约的内容超越私法规则。目前法国行政契约均为有名合同，如公共工程承包合同、公共工程捐助合同、公务特许合同等。[2]

在法国，无论是相对人还是行政机关，都可以提起行政契约诉讼。对于公务特许合同，行政机关不能解除，只能由行政法院判决解除。对于其他行政契约，行政机关也可放弃依职权解除，而申请行政法院判决解除。[3] 行政契约诉讼的审查依据，除了行政法律规范及行政契约自身外，还包括民事规则以及欧盟法。从2002年开始，平等原则、透明度原则等宪法原则也适用于行政契约审判。法官在行政契约案件中拥有全部审判权，可以撤销、变更、重新决定行政机关的决定，也可判决行政主体赔偿损失。判例法在行政契约中的作用不大，任何一种行政契约都有相应的成文

〔1〕 王名扬：《法国行政法》，中国政法大学出版社1997年版，第249页。
〔2〕 王名扬：《法国行政法》，中国政法大学出版社1997年版，第239页。
〔3〕 王名扬：《法国行政法》，中国政法大学出版社1997年版，第253页。

法。而且除法律另有规定之外，必须由律师代理，否则法院不予受理。[1]

正如有学者所述，在行政契约中相对人是行政契约的合作者，有共同的利益关系，补偿对方当事人的损失也是保证行政职务的实施。[2] 在法国，法律对于国家损害赔偿责任只有某些具体的规定，没有规定一般适用的法律制度。在法律没有规定时，这个问题只能由法院判决。1873 年 2 月权限争议法庭在布朗戈案件的判决中，对此作了明确的回答：国家由于其使用人在公务中对私人所造成的损害责任，不能受民法中对私人相互间关系所规定的原则支配……这个责任既非普遍性的，也非绝对性的，它有其本身的特殊规则。这些规则根据公务的需要和平衡国家权利与私人权利的必要性而变化。[3] 一切行政主体的赔偿责任，在法律没有规定时，都适用相同的法律制度，受行政法院管辖，不适用民法上的赔偿责任规则。

在法国的损害赔偿责任理论中，国家对行政活动的侵权行为负赔偿责任。国家作为一个抽象的概念，是通过行政主体承担赔偿责任的，行政主体是一个由法律所创设的实体，自身不能活动，必须通过公务员的行为才能进行活动。一切行政活动所引起的损害，都由公务员的行为所产生。因此，对于行政活动的损害赔偿可以有以下三种解决方法：一是由公务员承担赔偿责任；二是由行政主体承担赔偿责任；三是由行政主体和公务员分别承担赔偿责任。这些论述充分说明法国的行政赔偿责任理论相当完善。

在法国行政契约中，行政主体不履行契约义务，导致行政相对人受到损害的，作为相对人的公民、法人或者其他组织可以向行政法院提起损害赔偿之诉，由行政法院追究行政主体以及公务员的损害赔偿责任，保障公民、法人或者其他组织的合法权益。

行政相对人请求行政主体补偿的范围不包括因行政契约产生的可期待利益，仅包括现实利益。由行政契约产生的纷争解决途径都由行政法院受

[1] 刘恒：《行政救济制度研究》，法律出版社 1998 年版，第 137 页。
[2] 王家福主编：《中国民法学·民法债权》，法律出版社 1991 年版，第 584～586 页。
[3] 王名扬：《法国行政法》，中国政法大学出版社 1997 年版，第 251 页。

理，适用行政法律规范。对行政契约纠纷主要适用完全管辖之诉与越权之诉。法官在完全管辖之诉中可以对行政机关的决定作出处理。而对于越权之诉则只能审查行政机关行为的合法性，不涉及适合性的问题。并且律师在完全管辖之诉中起相当大的作用，在请求法院完全管辖之诉，往往由律师代为提起。行政契约诉讼的审查依据，除了行政法律规范及行政契约自身外，还包括民事规则以及欧盟法，从2002年开始，平等原则、透明度原则等宪法原则也适用于行政契约审判。法官在行政契约案件中拥有全部审判权，可以撤销、变更、重新决定行政机关的决定，也可判决行政主体赔偿损失。

第四节　德国行政契约争议解决机制研究

一、德国行政契约争议解决机制概述

德国在行政契约救济上采取的是公私法混合的救济模式，行政契约概念在《德国联邦行政程序法》中有明确规定，在对行政契约的规制方面，《德国联邦行政程序法》起着基础性的作用。德国行政契约立法的成文化有别于同为大陆法系国家的法国。受传统公私法划分理论的影响，德国行政契约的争议解决机构也是行政法院，强调行政契约的公法因素。在德国，行政契约不是以行政为本位，而以合同为本位。虽然行政主体享有行政优益权，但这种行政特权的行使必须受到行政程序的严格规制。至于强制执行权的行使，则须取得对方当事人的同意。

德国行政契约充分尊重缔约双方的意思自治，将双方当事人置于同等地位，对公共利益与私人利益予以同等的保护。行政契约发生纠纷时，双方可以协商解决，也可以向行政法院起诉。

关于德国行政契约争议纠纷的解决途径，《德国联邦行政法院法》作了明确规定，《德国联邦行政程序法》第四章中亦有规定。根据该规定，

行政契约由行政法院管辖。行政契约的诉讼不限于契约的履行，还包括损害赔偿的救济。[1] 德国行政争议纠纷的解决途径，分为非正式法律解决途径和正式法律解决途径。非正式法律解决途径的根据是《德意志联邦共和国基本法》第17条、第18条规定的请愿权。正式法律解决途径的根据是《德意志联邦共和国基本法》第19条第4款规定的司法诉讼权。两种解决方式的宪法地位是相同的，在实际运作上互相独立、互相补充。

一般将非正式法律解决途径分为三类：一是提出异议，即向发布行政行为或者不作为的行政单位提出要求改变、撤销行政处理的请求。二是提出单位监督申请，即向发布行政行为或者不作为的行政单位的上级行政机关提出对下级单位行为进行监督申请。三是提出人员监督申请，即按照《联邦德国公务员法》规定向公务员的领导提出对其领导的公务员或者其他人员进行监督的申请。提出异议和监督申请是请愿的形式，提出的对象除了有管辖权的行政单位以外，还包括议会的议员。非正式法律解决途径没有强制力。

正式法律解决途径的根据是《德国联邦行政法院法》，行政法领域的正式法律解决方式是指行政复议和行政诉讼。作为行政契约当事人的公民、法人可以向上级行政机关提起行政复议，请求行政机关自行解决行政契约争议。如果公民、法人对行政机关的复议结果不服，可以向行政法院提起诉讼，并在诉讼中提出赔偿请求，要求法院判决行政机关赔偿公民、法人的损失。

二、德国异议审查制度

20世纪50年代后，德国将诉愿（当事人对行政主体作出的行政处分不服时，应向原处分机关的上级行政机关申请救济）和申明异议合在一

〔1〕［德］汉斯·J. 沃尔夫、［德］奥托·巴霍夫、［德］罗尔夫·施托贝尔等：《行政法》（第1卷），高家伟译，商务印书馆2002年版，第162页。

起，组成异议审查制度，即德国现行的行政复议制度。[1] 行政契约关系人可以自行政行为通知之日起1个月内（在没有告知或错误告知法律手段时为1年内）申请复议。行政复议程序全面审查行政行为的合法性和合目的性，分为两个阶段：（1）作出机关自行审查行政行为。认为复议申请理由成立的，通过撤销或者变更的方式纠正行政行为；否则，即应将案件材料转送上一级行政机关。（2）行政复议机关应当再一次对行政行为进行全面审查。认为复议申请适法（符合提起撤销之诉的要件），并且有理由的（如行政行为违法侵犯申请人权益，或者裁量行为不合目的性侵害复议申请人），应当撤销或者变更行政行为。认为复议申请不适法或没有理由的，决定驳回，并维持被申请撤销的行政行为。[2]

德国在很早就确定了行政赔偿的责任制度，虽然在《德国联邦行政程序法》第54—61条中未明确提出，但根据该法第80条的规定可知，当行政机关及其工作人员的行为影响行政相对人权利造成损失时应当承担相应的法律赔偿责任。例如，在为了避免公共利益遭受重大损失而解除合同的情况下，行政机关必须对行政相对人的损失予以赔偿。另外，行政相对人在为国家或公共利益作出牺牲时也可以请求赔偿。德国行政赔偿制度非常特殊，不区分民事赔偿和行政赔偿，二者均由普通法院管辖。行政事务方面的赔偿无论在程序还是法律适用等方面均参照民事法律制度的规定。这也呼应了德国行政契约以合同为本位的特性，对双方当事人无论从程序上还是实体上都予以平等的保护。

三、德国议会解决行政契约争议机制

《德国联邦行政程序法》第60条规定，行政契约签订后发生重大变化而不能履约时，第一顺位的解决方式是变更合同内容，在变更不能达成合

---

〔1〕［德］汉斯·J. 沃尔夫、［德］奥托·巴霍夫、［德］罗尔夫·施托贝尔：《行政法》（第1卷），高家伟译，商务印书馆2002年版，第165页。

〔2〕同上。

同目的时才可解除合同。无论是变更还是解除契约，双方都可以通过协商的方式向对方提出，解除契约必须采用书面形式，但必须说明理由，否则不得变更或解除。此条规定一直备受各国行政法学者青睐。在此种特殊情况下，德国并未追随英国的“越权无效”理念，也没有采用法国的“不可预见”理念，而是形成了自己的做法，在对双方当事人利益保护方面考虑得更加周详。可见，德国在合同履行过程中尽量尊重双方的约定，保持合同的有效性。行政主体只有在为了避免公共利益遭受重大损失的情况下才可以解除合同，行政主体的特权也只有在特定情形下才可以行使。行政主体不当然享有行政特权，其地位和行政相对人极为相似，这与德国行政契约注重平等地分配缔约双方的权利义务关系的传统是分不开的。《德国联邦行政程序法》第 61 条对强制执行的规定十分特殊。该条规定赋予缔约双方在合同中约定即时执行的权力。只要双方在合同中约定，就可以成为合同执行的依据，行政机关就可以根据相关法律的规定在相对人违约的情况下强制对方履行合同义务，类似于行使行政特权。但是，行政契约中没有对即时执行进行特别约定，行政主体不可仅凭行政特权强制履行。

根据法律保留原则的特别规定，行政主体不得以行政行为强制行政相对人履行合同义务。德国的联邦议会与各国议会一样，对行政机关的活动有权进行监督。应 1/4 议员的请求，联邦议院可以成立调查委员会。在一般情况下，调查委员会的调查听证公开进行，只有经多数成员的决定，才能转为秘密会议。为调查工作的顺利进行，调查委员会有准司法权，可以传唤证人、收集证据、索要文件，有关部门必须配合工作，否则可能受到调查委员会的制裁甚至法院的刑事追究。调查结束后，调查委员会向联邦议院报告调查结果，由联邦议院考虑是否在报告的基础上采取进一步行动。联邦议院的专门委员会是与政府各部门对口设置的，其目的之一是监督政府各部门的工作。专门委员会在必要时，可以行使类似于调查委员会的权力。[1]

四、德国行政法院保护

在德国，行政契约诉讼也属于行政诉讼的范畴。《德国联邦行政法院法》中规定，契约的履行或者遵守请求权应当通过行政法院保护。除契约的履行与遵守外，因“契约签订过错”而产生的请求权也应通过行政法院主张。[2]

《德意志联邦共和国基本法》第19条第4款第1项提供了公民获得法律救济的宪法根据。《德国联邦行政法院法》第40条第1款规定，行政诉讼的受案范围为所有不属于宪法范围的公法争议，都可以提起行政诉讼。这一规定使所有的行政争议都被纳入行政诉讼的受案范围。行政契约争议也由行政法院管辖。从诉讼类型上看，行政契约诉讼主要属于一般给付之诉。行政契约诉讼的受案标准是契约纠纷引起公法上法律关系发生、变更或消灭。[3]

德国行政契约诉讼的原告既可以是公民，也可以是行政机关。行政机关提起诉讼的情形通常是公民一方不履行契约义务，而行政契约中又没有规定其自愿接受执行条款。行政契约诉讼的审理依据以行政法律规范为主，以民法规则为补充。法官对行政契约诉讼可作出确认判决、给付判决。此外，德国行政契约诉讼适用情势变更原则。因情况发生重大变化需要变更契约，而对方当事人拒绝的，可以提起以行政契约变更为目的的给付之诉，法官可对此作出情势变更判决。

在德国，行政相对人在向行政法院提起撤销之诉和承担义务之诉前，必须经过异议审查程序，否则不得请求行政诉讼救济。这种复议程序是一

[1] [德] 汉斯·J. 沃尔夫、[德] 奥托·巴霍夫、[德] 罗尔夫·施托贝尔：《行政法》（第1卷），高家伟译，商务印书馆2002年版，第237页。

[2] 于安编：《德国行政法》，清华大学出版社1999年版，第188页。

[3] 陈中泽、何琳：《英法行政诉讼外救济手段比较与借鉴》，载《武汉理工大学学报（社会科学版）》2002年第6期。

种行政程序，只能形成内部行政监督，同时也是行政诉讼的前置程序。但在一些特殊情况下，特别是对于通过正式程序作出的行政行为，不适用复议程序，可以直接提起诉讼。

从诉讼类型上看，行政契约诉讼主要属于一般给付之诉。行政契约诉讼的受案标准是引起公法上法律关系发生、变更或消灭的合同纠纷。而对于双方不履行合同义务的行为，其救济则适用不同的法律和程序。如果行政相对人一方不履行合同义务，行政机关可以根据《德国联邦行政执行法》直接对行政相对人强制执行；如果行政机关不履行合同义务，行政相对人一方可以根据《德国联邦行政法院法》申请行政法院强制执行。[1]

---

〔1〕张正钊、韩大元主编：《比较行政法》，中国人民大学出版社1998年版，第246页。

第五章　完善中国特色行政契约争议解决机制

第一节　完善中国特色行政契约争议解决机制的必要性

有争议必须解决，有损害必然赔偿。行政法上的争议纠纷解决制度的完善程度是评价一国行政法制发展水平的重要标准。从世界范围来看，现代各国及地区不仅在制度上承认行政契约，而且在应用实践中还大量通过契约方式解决行政管理中的难题。设计了各种解决行政契约争议的机制，用制度的方式化解了行政契约争议的矛盾，这从前文的分析得以见证。可以说，契约方式在行政法中的引入与借鉴，已成为世界性的潮流。[1] 行政活动中大量通过契约手段解决问题的现实，表明了契约在行政法中应用的可行性、合理性和现实性。

行政契约在我国行政管理中已经逐步成为重要角色，其表现形式不断增加，应用范围不断扩大。然而，我国对行政契约理论研究还有待进一步完善，一些理论问题仍存在较大争议。特别是对行政契约争议解决的问题，我国的理论研究还较为滞后。民法学者主张应通过民事途径解决，行政法学者主张应通过行政途径解决，大家莫衷一是。在实践中，行政契约争议解决机制也比较混乱，没有统一的做法。这种情况直接制约了行政契

〔1〕 罗豪才主编：《现代行政法制的发展趋势》，法律出版社2004年版，第279页。

约制度的发展。对此，行政相对人意见很大，但又对行政机关在行政契约中的权力无可奈何，同时又找不到合适的解决渠道。行政相对人在履行契约中遇到问题时，行政主体的解决方式也比较简单粗暴，使不少行政契约履行得不够顺畅。还有一些行政契约关系国计民生，因为契约双方掺杂了不正当利益，对国家和人民造成了重大损失。

综上所述，完善行政契约争议解决机制是十分必要的。我国的行政契约种类繁多，产生的纠纷也不尽相同，单一的争议解决制度不可能解决所有的行政契约纠纷。因此，行政契约争议解决的方式也要呈现出多样化，与行政契约种类及其纠纷相适应。笔者根据上述分析，对我国的行政契约争议制度提出对策建议，力图使我国行政契约争议解决机制更加完善。

第二节　完善中国特色行政契约争议解决机制的整体设想

一、行政契约争议解决机制的管理性基础

人的行为是个体与环境相互作用的结果，完善行政契约争议解决机制就应当遵循人性理论。关于对人性善恶的论断，东方哲学是建立在人性善的假设基础上的，西方哲学是建立在人性恶的假设基础上的。由于在人性善恶认识上的差异，二者在管理方面就有明显的不同。

性善论基本上是通过正面教化、引导来实现善的，重在激扬人的善性，因此可以将其理解为对激励机制的人性基础的正面摹写。社会之所以存在激励机制，是因为其实质是对善的实现方式的变体，而且激励机制之所以能够奏效，在很大程度上依赖于人性对自身性本善假设的信赖与承认。[1]

---

〔1〕宋功德：《行政法哲学》，法律出版社2000年版，第147页。

相对而论，性恶论更强调对人施以外在的强制性的教化与引导，主张人性的完善应该建立在依靠外在强制力，让人性恶产生的私欲由于敬畏外在强制力的制裁而有所收敛，因此可以将其理解为对制约机制的人性基础的写照。制约机制的存在，限制了人的私欲。所以古今中外，各国都通过制定法律规范，约束行政机关、公民的行为。

完善中国特色行政契约争议解决机制，首先应当分析人性的管理基础，这样才能有的放矢。笔者认为，应当把激励机制和制约机制同时应用于我国行政契约争议解决机制中，而且由于激励机制与制约机制是相辅相成的，所以不能有所偏重，应该“两手都要抓，两手都要硬”，这样才能达到效果。

二、借鉴他国解决行政契约争议机制的取舍

“他山之石，可以攻玉。”在解决行政契约争议方面，西方发达国家在理论研究和实践中的做法值得借鉴。由于每个国家的历史、文化、传统以及风俗上的差异，采取“拿来主义”并完全照搬照抄西方国家是不可取的。在借鉴西方国家行政契约争议解决机制方面，应该更有针对性，借鉴那些适合中国国情的行政契约争议解决机制，为解决我国行政契约争议服务。

我们可以借鉴西方国家的行政机关自己进行行政处理机制，发展和完善我国的行政复议制度。在借鉴司法诉讼机制时，应该注重适应中国国情。英美法系国家通过普通法院审理行政契约争议，大陆法系国家在普通法院之外又设立行政法院，通过行政法院审理行政契约争议。我国没有像大陆法系国家那样设立行政法院，也不同于英美法系国家不分案件性质的做法，而是在人民法院内部设立行政审判庭，专门解决行政争议。1989年，我国在制定《行政诉讼法》时没有把行政契约争议列入行政诉讼的受案范围。2014年11月1日在修订《行政诉讼法》时，通过立法形式在第12条受案范围中增加第11款“认为行政机关不依法履行、未按照约定履

行或者违法变更、解除政府特许经营协议、土地房屋征收补偿协议等协议的”的规定。2019 年 11 月 12 日最高人民法院审判委员会第 1781 次会议通过的《关于审理行政协议案件若干问题的规定》，以司法解释的形式把行政契约列入人民法院的受案范围，这对于行政契约的争议解决机制是很有必要的。对于西方国家的损害赔偿诉讼制度，我们在借鉴时可以使人民法院在审理行政契约争议时附带审理损害赔偿，在审理后判决行政主体对行政相对人受到的损害予以赔偿。至于西方的议会救济制度，虽然对于我国来说理论上可以考虑，但实践中却未必可行。因为西方国家的议员是专职的，监督和审查行政机关是他们的专职工作。我国的人民代表大会代表是兼职的，他们一方面履行人大代表的职责，另一方面还有自己的专职工作，不能全力以赴地对行政主体进行监督和审查。所以笔者认为，西方国家的议会救济制度目前并不适合对我国行政契约争议的解决。

三、完善中国特色行政契约争议解决机制的设想

完善中国特色行政契约争议解决机制是一个系统的庞大的工程，绝不可掉以轻心，也非一朝一夕之功。笔者对我国的法治政府建设充满了期待，也想为完善中国特色行政契约争议解决机制积极献言献策，以尽绵薄之力。

笔者认为，我国的行政契约争议解决机制应该采取如下路径：第一，用替代性争议解决机制来化解行政契约争议；第二，完善《行政复议法》确认行政契约争议的解决机制；第三，完善《行政诉讼法》确认行政契约争议的诉讼救济机制；第四，在修改《仲裁法》时把行政契约纳入仲裁受案范围，同时加强对仲裁委员会的监督和管理，确保其解决行政契约争议的独立性和公正性；第五，建立在线争议解决平台，促进简易行政契约争议得以便捷、高效解决；第六，加强对行政机关、行政相对人的法律意识和行政契约意识的培养。这些设想是笔者在对行政契约理论和实践研究成果基础上提炼的，希望对我国解决行政契约争议有所参考。

第三节 完善中国特色行政契约争议解决机制的若干建议

一、用替代性争议解决机制化解行政契约争议概述

替代性争议解决机制即 ADR 机制，英语全称是 “Alternative Dispute Resolution”。替代性争议解决机制由美国已故首席大法官沃伦·厄尔·伯格所倡导，旨在以最短的时间、最低的费用，在诉讼参与人承受最小的压力的情况下带来令人满意的结果。[1] 替代性争议解决机制已经逐渐被西方社会适用于解决各种争议。

替代性争议解决机制对应于纠纷的司法解决方法，是指并非由法官主持裁判，而是由中立的第三人参与协助解决纠纷的任何步骤和程序。就其程序的结构运转而言，替代性争议解决机制在形式上可能多种多样，但其程序共同之处在于替代性这一特征——每一种替代性争议解决机制程序都是对法院裁判程序的一种替代。在现代社会中，由于社会争议性质的复杂化、数量化的增加，诉讼成本的高昂以及司法过程效率的低下等因素，替代性争议解决机制在民事争议解决过程中得到越来越广泛的应用。[2] 考察民事争议中的替代性争议解决机制，如调解、协商、仲裁等，可以归纳出替代性争议解决机制功能之有效发挥的两个基本前提。其一，争议当事人应具有平等的法律地位。唯有具有平等的法律地位，当事人才能通过有效的对话和交涉而寻求合意。其二，当事人对争议的标的具有处分权。唯有对争议标的具有自主的处分权，当事人才能通过协商达成合意。作为争议的解决

〔1〕 参见［美］Herbert M. Bohlman、［美］Mary Jane Bundas：《商法：企业的法律、道德和国际环境》，张丹等译，清华大学出版社 2004 年版，第 24 页。

〔2〕 ［美］斯蒂芬·B. 戈尔德堡等：《纠纷解决——谈判、调解和其他机制》，蔡彦敏、曾宇、刘晶晶译，中国政法大学出版社 2004 年版，第 65 页。

方法，替代性争议解决机制与司法解决机制的不同之处在于，替代性争议解决机制强调通过当事人合意解决争议，司法解决机制强调通过强制性权威而解决争议。替代性争议解决机制适用于行政契约争议吗？答案是肯定的。

以美国为例，1990 年美国国会通过了《美国行政争议解决法》，旨在授权和鼓励联邦行政机关适用调解、协商、仲裁或其他非正式程序对行政争议进行迅速处理。该法要求各联邦行政机关和执行部门推行替代性争议解决机制的政策，联邦政府使用替代性争议解决机制解决行政争议的合法性由此得以确认。1996 年，美国国会对《美国行政争议解决法》作了修改，并将其确认为永久的法律。[1] 替代性争议解决机制是目前在美国被广泛应用的争议解决方式之一。ADR 方式原来仅限于私人争议的解决，但由于其快捷、灵活、低成本、强调合意等特点有助于行政目标的实现，已逐渐被引入行政争议解决体系。替代性争议解决机制的支持者认为，行政过程中适用替代性争议解决机制最首要的意义在于“这些非正式程序可以增强行政过程中当事人的满意程度”，使他们能够更加直接地参与到与自己有关的决定制作过程之中。因此，就行政机关这一方面而言，正式程序之外的替代性执法手段在实践中是一种重要的执法技术。根据《美国行政争议解决法》和《美国协商立法法》，替代性争议解决技术包括但不限于和解（settlement）、调解（mediation）、谈判协商（negotiation）、仲裁（arbitration）以及小型审判（Mini – trial）。[2]

在行政过程中替代性争议解决机制最常用的技术是和解。和解的本质在于争议当事人通过协商合意而自行解决他们之间的争议。相对于正式程序，和解可以被形象地理解为“私了”。作为一种解决争议的技术，和解长期以来就是行政过程的一部分。

---

〔1〕 王锡锌：《规则、合意与治理——行政过程中适用 ADR 的可能性与妥当性研究》，载《法商研究》2003 年第 5 期。

〔2〕 参见王公义等主编：《中国·澳大利亚“纠纷解决替代机制与现代法治”研讨会论文集》，法律出版社 2003 年版，第 111 页。

行政过程中替代性争议解决机制的技术还包括调解、仲裁和小型审判。调解是调解人以一个中立的第三方角色出现而促进合意的达成。调解人不具有强制性权威，其作用在于通过个人的感觉、沟通技巧以及协调复杂问题的技术来发现和促成合意。调解过程中伴随各种各样的谈判协商。在谈判协商过程中，调解人可以整理出各种争论点并提出解决问题的建议，协助争议当事人进行符合实际的、有效的沟通，寻求分歧中的共同点，并在谈判协商可能破裂的情形下使各方保持克制。仲裁是一种由私人作出裁决的纠纷解决技术。仲裁的一个重要优点在于，当事人可以选择与争议事项有关的专家作为裁决者。在程序上，仲裁可以是高度司法化的，也可以是非正式的协商或者讨论；在适用上，仲裁可以是强制的，也可以是自愿的；在结果上，仲裁可以是有约束力的，也可以是建议性的。对于有约束力的仲裁裁决，当事人可以放弃司法审查、限定司法审查的范围或者保留全面司法审查的权利。小型审判并不是一种审判方式，而是一种司法外的程序。如果争议各方当事人能够了解对方的理据和自己的弱点，他们可以通过自己和他们共同选择的中立第三人来更加有效地解决争议。在小型审判过程中，当事人可以通过协商而达成协议，协商过程不需要制作案卷记录，程序秘密进行而且不具有强制约束力。实践表明，小型审判作为一种争议解决方式，具有节约时间和金钱的优势，它在政府采购合同领域已经成为最主要的替代性争议解决技术。[1]

上述美国在行政过程中引进替代性争议解决机制解决行政契约争议的实践证明，替代性争议解决机制是非常适合解决行政契约争议的。替代性争议解决机制具有以下优点：其一，具有很强的灵活性；其二，解决争议的成本较低；其三，强调当事人的合意，主张争议双方在相互让步的基础上达成一致；其四，一般是在不公开的情况下进行，其结果也无须像判决一样汇编成册，这对于希望有效保护个人隐私和商业秘密的当事人尤具吸

---

〔1〕［美］斯蒂芬·B. 戈尔德堡等：《纠纷解决——谈判、调解和其他机制》，蔡彦敏、曾宇、刘晶晶译，中国政法大学出版社2004年版，第83页。

引力。替代性争议解决机制的这些优点，充分说明它不但可以化解契约双方之间的争议，不损伤和气，而且可以有效地节约行政主体和行政相对人的时间、金钱和精力。

二、完善我国行政契约争议领域的替代性争议解决机制的建议

随着替代性争议解决机制在我国民事争议解决过程中的应用日益广泛，行政主体也开始尝试用替代性争议解决机制解决行政争议。相对于行政契约争议解决而言，笔者认为构建行政契约争议的替代性争议解决机制，更能发挥其解决争议的优势。

《美国行政争议解决法》对行政争议的替代性争议解决机制技术做了较为详细的规定，对完善我国行政契约争议领域的替代性争议解决机制具有借鉴意义。主要体现在以下几个方面：

1. 确定适用替代性争议解决机制解决行政契约争议的指导性标准。这些指导性标准应包括：其一，成本与效益标准。众所周知，以最低成本获取最高效益，这是所有市场主体追求的目标。替代性争议解决机制解决争议的成本较低，同时能获取较好的收益。其二，正义标准。对于何谓正义，柏拉图认为“各尽其职就是正义”，乌尔比安认为“正义就是给每个人以应有权利的稳定的永恒的意义”，凯尔森认为“正义是一种主观的价值判断”。[1] 笔者认为正义即公平、公正。正义是法源之一，更是法的追求与归宿。在行政契约中，行政主体依法行政，行政相对人依法办事，这样就能实现正义标准。其三，双方满意程度标准。在争议中，让争议当事人都取得完全满意是不现实的，但取得相对满意是有可能的。在行政契约争议解决中，替代性争议解决机制强调当事人合意，使双方在相互让步的基础上达成一致，这样争议当事人都能达到相对满意的程度。

2. 行政契约是行政主体通过与行政相对人以签订契约的形式行使职

---

〔1〕 鲁千晓、吴新梅：《诉讼程序公正论》，人民法院出版社2004年版，第86页。

权，实施行政管理。行政契约种类繁多，争议类型也多种多样，这为行政主体带来许多新的课题。以司法方式解决争议耗时较长，所需诉讼成本也比较高昂。替代性争议解决机制形式灵活，成本也比较低，解决争议后双方还不伤和气，对双方都有利。因此，各级行政机关应当研究和制定替代性争议解决机制的有关政策，任命专人负责运用替代性争议解决机制处理行政契约争议。由于运用替代性争议解决机制处理行政契约争议需要相应的知识和经验，所以应当对专门人员进行培训。经过培训后，这些人员就能利用培训所学的替代性争议解决机制的知识和经验应对行政契约争议，帮助契约双方化解争议。

3. 行政主体与行政相对人应尽可能采用和解、调解、协商谈判、仲裁、小型审判等方式解决行政契约争议，力求通过司法外途径化解争议。与司法方式解决争议相比，替代性争议解决机制下的和解、调解、协商谈判、仲裁、小型审判等方式，更加迅速而又节约费用，是更加符合实际的解决方式。在行政契约中，契约当事人通常不愿意通过诉讼途径解决争议，是因为双方无论是在精力上还是物力上都会付出较大代价。其结果也不一定会达到令当事人满意的效果。基于此，笔者建议行政契约双方当事人应当通过替代性争议解决机制解决行政契约的争议，力求通过司法外途径化解争议。

（一）完善协商机制

作为解决争议的最常用手段之一，协商历来被各种争议的当事人普遍使用。例如，在英国，尽管《英国王权诉讼法》在 1947 年就已经确立了更加简化的诉讼程序，使所有行政契约争议都可以依该法提起诉讼，但在实践中行政契约争议却很少诉诸法院，通常是由行政机关与行政相对人通过协商等非正式谈判的方式来解决争议。究其原因是因为政府与行政相对人之间多为长期合作关系，而非一次性商业交易，如果诉诸法院常常被视为不适当且易产生负效应。在我国，协商同样是一种重要的纠纷解决机制。例如，2018 年修正的《农村土地承包法》中第 55 条第 1 款规定：“因土地承包经营发生纠纷的，双方当事人可以通过协商解决，也可以请求村民委员会、乡（镇）人民政府等调解解决。”《土地管理法》第 14 条第 1 款规定：“土地所有权和使用权争议，由当事人协商解决；协商不成的，由人民政府处理。”可见，协商已经被我国多部法律确定为一种法定的纠纷解决方式。然而实践中，协商解决纠纷还存在一些典型的问题。例如，作为行政契约的当事人，双方处于并不平等的地位，行政机关凭借自己的行政权力，在行政契约的订立及履行中处于主导地位，行政相对人在谈判中处于劣势，难以通过协商维护自己的正当权利，又慑于行政机关的权力而违背自身真实意愿而签订不平等契约，承担不对等义务，最终导致履行不能，产生不可调和的纠纷，既影响了政府的发展规划，又损害了公共利益。与此相反，还有一些行政相对人与行政机关的工作人员相互勾结，表面上看是行政机关工作人员在“协商”中作出的让步，实际上却是中饱私囊，损害公共利益。因此，笔者认为，有必要对协商制度进行重新审视与构建。

首先，协商应成为一种常态化的纠纷解决机制。如果行政契约争议的双方能在矛盾刚刚产生之时就及时进行友好的协商，此时双方争议还不是很大，矛盾也没有达到不可调和的地步，问题解决起来会比较容易，双方各自作出一点让步即可顺利解决争议；如果待矛盾激化、不可调和时才寻求解决途径，最终很可能会损害自己甚至双方的利益。因此，协商应作为一种常态化的纠纷解决机制，甚至可以规定一切行政契约争议必须先经协商，协商不成方可寻求其他渠道的救济，使协商成为其他纠纷解决方式的前置程序，以提高协商机制的使用率，将大多数可以调和的争议消灭在萌芽状态，既降低纠纷解决成本，又提高纠纷解决效率。

其次，协商难以在较短时间内达成一致的，可以考虑引入一个中立的第三方机构，由该机构主持调解，由其对整个协商的过程进行主持和监督。这个机构可以是一个独立的机构，如新设一个“行政契约纠纷调解委员会”，也可以是产生争议的行政机关的上一级行政机关，但其必须保持一个中立且公正的立场。其一，在矛盾产生初期，由它促使双方进行协商，避免因一方或双方的消极怠慢而影响协商的进行，导致问题激化。其二，在协商过程中，由它主持协商，促进双方沟通。在双方协商意愿降低、协商遭遇“瓶颈”时，由它从中斡旋，向当事人陈述利弊，改变双方态度，使双方重回谈判席，促进争议的解决。其三，协商结束后，双方的协商过程及结果要形成书面调解书，并交其存档，备日后查阅，以达到监督双方当事人的效果，避免恶意磋商、损公肥私情况的出现。

（二）完善行政仲裁机制

行政仲裁是行政契约双方当事人根据合同约定或事后达成的协议，自愿将有关争议提交给仲裁机构，由仲裁机构对双方争议进行事实上和法律上的裁断，以解决纠纷的一种方式。

与协商相比，行政仲裁具有专业、权威的优点；与诉讼相比，行政仲裁又具有低成本、高效率的优势。同时，因为仲裁是双方当事人协商一致作出的授权，行政仲裁的结果被双方都认可的可能性很大，可以得到比较顺利的执行。随着仲裁制度不断改革，依据《仲裁法》重新组建的仲裁机构，性质转变为民间组织。[1] 我国《仲裁法》第 3 条规定，“依法应当由行政机关处理的行政争议”不能仲裁。根据本条规定，行政契约被排斥在仲裁对象之外。这是基于民间仲裁委员会不能对行政机关处理的纠纷作出仲裁所作的考量。有学者认为，假如民间仲裁机构可以否定行政决定的效力，那么，它必然具有凌驾国家意思表示之上的决断权威，这无疑是很难想象的。即便是采用司法审查最终原则，允许通过行政诉讼校正仲裁裁决，让最后的决断权再次回到国家手里，这也不能证成仲裁本身的正当

〔1〕 王小红：《和谐社会建设需要行政裁决制度》，载《北方法学》2008 年第 4 期。

性。[1] 因为行政契约的一方当事人是行政机关，由民间组织审理行政机关的争议显然是不合适的，加之现在的仲裁规则也主要是为了解决民事纠纷而设计的，行政契约与民事合同在双方当事人的主体地位、合同目的、合同内容以及双方权利义务等方面都存在较大的差别，无法简单地适用民事规则解决行政契约争议，所以要将行政仲裁引入行政契约纠纷解决领域，还需要进行一些改变和努力。

从实践来看，由于我国仲裁机关的权力比较有限，仲裁结果在很多情形下难以得到公正合理的执行，所以行政契约的当事人也对仲裁方式不太重视。笔者认为，虽然我国《仲裁法》规定“依法应当由行政机关处理的行政争议”不得仲裁，但这是一般性仲裁，我国行政机关完全可以按照《仲裁法》的程序对行政契约进行行政仲裁。行政仲裁的具体流程如下：一是申请。当争议发生后，当事人应首先向有关行政机关提出裁决申请。二是受理。行政机关收到裁决申请后，要对申请书的内容进行初步审查，如果符合法定条件的，行政机关应当受理；如果认为申请不符合法定条件的，行政机关应及时作出附理由的不予受理决定。三是答辩。受理的行政机关将申请书副本送交对方当事人，对方当事人必须在法定期限内作出答辩。四是审查。行政裁决机构正式受理当事人的裁决申请后，开始对当事人之间纠纷的事实和证据等进行实质性审查。在审查过程中除根据当事人双方提交的申请、答辩书及所附材料，对双方权利义务进行分析外，还可根据案情需要进行有关调查、勘验或鉴定。调查、勘验、鉴定既可由具备条件的行政机关自行进行，也可由行政机关委托符合法定条件的其他机构和组织进行。五是裁决。行政机关通过审查，应及时作出相应裁决。裁决必须制作裁决书，裁决书应载明双方当事人的姓名或名称、住址、身份、争议纠纷的内容，裁决机构认定的事实及其根据、理由、依法作出的裁决结果，以及对裁决不服的法律救济途径。如果是仲裁机构依据查实的相关

---

[1] 佘凌云：《行政协议能否仲裁?》，载中华人民共和国最高人民法院行政审判庭编：《行政执法与行政审判》总第84集，中国法制出版社2021年版，第1～5页。

事实及法律、法规对当事人双方的权利义务进行重新划定，并且一裁终局，还应载明当事人履行裁决的期限。在行政仲裁案件中，其中一方主体是行政机关，行政机关的任何行政行为都需要有法可依，而不服行政行为的司法救济途径也不是只有行政仲裁，还有行政复议，行政诉讼等。仲裁的正当性基于争议双方当事人的授权，因此采取仲裁的方式解决争议必须有双方当事人书面约定的仲裁条款或仲裁协议。

我国当前的行政仲裁制度主要涉及三种纠纷的裁决：一是行政主体对发生于平等主体之间的因涉及行政管理事项、行政赔偿争议所作的行政裁决。二是行政主体对平等主体之间因对特定财产的所有权、使用权的归属发生争议所作出的行政裁决。如《森林法》第 22 条规定，单位之间发生的林木、林地所有权和使用权争议，由县级以上人民政府依法处理。个人之间、个人与单位之间发生的林木所有权和林地使用权争议，由乡镇人民政府或者县级以上人民政府依法处理。当事人对有关人民政府的处理决定不服的，可以自接到处理决定通知之日起 30 日内，向人民法院起诉。三是由于作为平等主体一方当事人的合法权益受到另一方当事人的侵害，当事人依法申请行政机关处理，行政机关就此争议作出的裁决。如《商标法》第 60 条规定，有本法第 57 条所列侵犯注册商标专用权行为之一，引起纠纷的，由当事人协商解决；不愿协商或者协商不成的，商标注册人或者利害关系人可以向人民法院起诉，也可以请求工商行政管理部门处理。工商行政管理部门处理时，认定侵权行为成立的，责令立即停止侵权行为，没收、销毁侵权商品和主要用于制造侵权商品、伪造注册商标标识的工具，违法经营额 5 万元以上的，可以处违法经营额 5 倍以下的罚款，没有违法经营额或者违法经营额不足 5 万元的，可以处 25 万元以下的罚款。对 5 年内实施两次以上商标侵权行为或者有其他严重情节的，应当从重处罚。销售不知道是侵犯注册商标专用权的商品，能证明该商品是自己合法取得并说明提供者的，由工商行政管理部门责令停止销售。

针对以上问题，笔者认为，我国在行政仲裁制度的设计上可以考虑以下几个问题。

第一，关于行政契约纠纷是否可以接受仲裁。行政契约是一种兼具行政性与合意性的双方行为。一方面，在行政性方面，法律确实规定较为严格，强制性规定较多。尤其是对于涉及公共利益方面的事项，如行政契约的目的、程序、范围，以及行政机关的职责、权限等方面，行政机关并不具有完全的自主权，不能以牺牲公共利益为条件换取与行政相对人的合作，当然也就不能接受仲裁。另一方面，行政契约还具有很强的合意性。在不违反法律、法规具体强制性规定的前提下，对于合同的实现方式、手段、履行期限、合同报酬、违约赔偿金等内容，行政机关具有充分的自由处分的权利，是可以与行政相对人进行协商的，自然也就可以接受仲裁。

第二，关于仲裁机构的设立。可考虑直接在各级行政机关中设立行政仲裁机构，受各级行政机关首长直接领导，人员必须通过遴选、考核，由首长任免，办案独立，不受任何行政机关处（室）、社会组织和个人的干涉。对于仲裁规则的问题，笔者认为，应当建立一套适合于裁决行政契约纠纷的行政仲裁规则，考虑制定出台一部独立的“行政仲裁法”，在原则、规则、程序、责任、执行等方面作出详尽规定。在现阶段完备的行政仲裁规则尚未建立的短时期内，可以暂时准用部分民事规则与行政法律规范，并在实践中不断总结经验，为最终建立起完备的行政仲裁规则做好准备。

三、完善我国 ODR 机制解决行政契约争议

在互联网时代，发生的纠纷可能牵涉多地法律，甚至是涉及多国法律和不同的司法管辖。这将极大影响消费者和企业进行互联网交易的信心。因此，越来越多的政府机构、商业机构、国际组织积极提倡并推广 ODR（网上争议解决，Online Dispute Resolution）这一由第三方机构利用网络技术帮助当事人解决 B2C 电子商务各种纠纷的方法。

（一）国际社会采用 ODR 机制的现状

从 20 世纪 90 年代开始，ODR 经过二十年发展，逐渐形成了美国、欧

盟、亚洲三足鼎立之势。其中，ODR 发展最快的是美国。2010 年 2 月，美国向美洲国家组织提交了“一揽子”解决方案，旨在为跨境电子商务 ODR 提供国际统一规则，核心文件是《跨境电子商务消费者纠纷的电子解决草案（示范法/合作框架）》。美国联邦贸易委员会和美国商业部还经常邀请来自全世界的独立研究机构、商家、消费者组织、政府部门以及个体消费者代表，就 ODR 的在线解决方案一起参与讨论。美国政府认为，建立一个全球性的、与现有司法体系并行的 ODR 体制，可以有效解决现代型纠纷。

欧盟也是 ODR 的积极倡导和推动者。2000 年 12 月，欧盟和美国共同发表了《关于建立电子商务环境下消费者的信心和 ADR 地位的声明》，主张商家、政府、消费者组织以及学术机构应共同合作推动 ODR 的发展。2013 年 5 月欧盟又通过了《欧盟消费者 ODR 条例》，鼓励欧盟各国通过 ODR 平台在线解决商家和消费者之间因跨境消费、跨境销售合同以及跨境金融服务合同引发的争议。作为全球消费者的代表，国际消费者联合会早在 2000 年就开始呼吁各国政府及国际组织关注远程消费者的救济问题，提出了“费用低廉、方便易行、快捷有效”作为解决非诉讼纠纷原则，鼓励消费者通过 ODR 途径解决纠纷，特别是跨国界纠纷，以免为高昂的诉讼费用和冗长的诉讼程序所拖累。

再看亚洲，亚太经合组织电子商务指导小组 2000 年 7 月在曼谷成立，通过有效的消费者保护立法和自律规范，指导亚太经合组织各国相互合作，建立了不同模式的 ODR 平台。比如，墨西哥的 CONCILIANET 为企业和消费者之间的经济纠纷提供 ODR 平台，并要求国内的商家必须参加；韩国的电子商务纠纷解决委员会对消费者与商家之间的电子交易纠纷进行调解；等等。

总之，ODR 正成为网络环境下保护消费者利益、建立“电子信任”的机制。各国政府以及许多国际组织通力合作，努力使它成为全球电子商务环境下解决 B2C 电子商务纠纷，促进电子商务发展的重要机制。

（二）ODR 的主要运作模式和特点

1. ODR 最常用的方法

在线交涉：当一项争议发生时，争议双方可以通过某种计算机程序全自动地推进纠纷解决程序，如传递信息、交换当事人观点和非诉请求。这种方法简便、迅速，很多问题通过在线沟通能够很快得到解决。

在线调解：当一项争议发生后，争议双方通过在线形式，由中立的非诉讼纠纷调解员按照规定的程序以及调解原则，明确双方利益，帮助当事人之间达成自己的解决方案。这种在线调解方式也是目前 ODR 中使用最多、最重要的一种方式。

在线仲裁：在调解无法解决争议的情况下，使用在线仲裁是解决双方非诉纠纷的一种方式。但由于在线仲裁只对双方当事人有一定的约束力，并没有司法强制执行力，所以在解决在线争议中较少使用。

当然，一起非诉纠纷可以只采用上述一种方法，也可以综合采用几种方法，尤其在互联网技术的帮助下，一起纠纷案件出现多种多样的 ODR 在线解决方式已经成为一种常态。

2. ODR 的主要运作模式

（1）不公开报价和请求的处理模式，即通过计算机程序自动处理交易双方纠纷的模式。由于纠纷解决是在电脑程序中进行，双方的报价和请求对另一方都是不公开的。当然，不公开报价处理模式是有时间限制的。如果在 60 天内，纠纷在专门的计算机程序监控下依然不能解决，系统允许用户决定是否将纠纷移送到离线仲裁调解机构去解决。

（2）计算机支持交涉模式，即先将双方当事人的争议分解成可量化的元素，然后通过一种专业的计算机程序，对各方争议主张进行分析，快速提供自动化争议解决方案。比如，SmartSettle 网站，长期使用计算机程序来解决主体多、争议长和交易复杂的纠纷，收效显著。

（三）完善我国 ODR 解决行政契约争议

我国 ODR 发展轨迹和西方发达国家 ODR 发展轨迹不同，西方发达国家选择由商业机构、行业协会等推动发展，我国是由具有政府背景的机构倡导。2004 年 6 月，中国电子商务法律网及北京德法智诚咨询公司发起成立“中国在线争议解决中心”，申请方可在线登记注册，并提出申请调解，网站接受申请后向对方当事人发送要求其参与调解的函件，邀请双方当事人参与在线调解。

1. 推广 ODR 解决行政契约争议的必要性

随着政府机关、企事业单位、自然人、法人和非法人把网络作为主要的工作模式，国内电子商务网站急速增加，网络交易迅猛发展，规模越来越大。我国网络纠纷多是用传统的司法途径救济，流程长、效果差，而多元化、灵活并充分利用科技与互联网技术的纠纷处理方式普及较慢，跟不上互联网时代快速、便捷的客观需要。鉴于此，政府部门、司法机关主导的 ODR 模式逐步开起并发展迅速，成为诉讼争议解决制度的重要补充。电商平台各自生态体系内的 ODR 纠纷解决机制日渐成熟。不难看出，在国家的大力支持及参与下，我国推广 ODR 优势非常大，我国 ODR 模式发展的目标，是运用各种互联网先进技术，解决社会经济生活中各种利益主体间的线上线下纠纷。这其实是被国际上誉为“东方经验”的人民调解制度在互联网时代的创新发展，具有独特优势。

借助我国互联网优势，采用最新的科技，助推 ODR 纠纷解决机制普及。近年来，所有 ODR 网站都是建立在互联网上，大量的企业通过网站徽章（Web Seals），自愿将自己与消费者之间的争议交 ODR 服务者处理。当事人不管身在何处，只要能有连接互联网的终端设备（包括计算机和手机），都可以把自己的纠纷提交给国内的 ODR 进行处理。这不仅可以克服文化和语言的障碍，也可以充分体现我国互联网在线纠纷解决机制的开放性。ODR 的主要科技手段包括：计算编程技术的运用，接受、存储、处理更多的非诉讼纠纷案件；先进的网络通信技术，如电子邮件、电话会议、网络通话、网络视频会议等；保障信息安全的技术，如防火墙、数字签名、加密技术、不可复制的徽章等；人工智能（Artificial lntelligence，AI）技术，如利用机器学习模式整理交易形式单一、法律关系简明清晰、处理方式类似的案例，可以更快捷地达成纠纷解决方案。

我国在线司法发展迅速，ODR 可与之形成有效的互补与衔接，推动我国科技强国战略的实施和网络空间治理的法治化进程。近几年，我国各地法院陆续推出网上诉讼服务平台，各地仲裁机构也陆续推出网上仲裁流程，对于法律关系简单、各方当事人均同意在线审理的案件，鼓励线上审判/仲裁。特别是 2017 年以来，杭州、北京和广州相继设立互联网法院，按照“网上案件网上审理”的基本思路，通过全流程一体化在线服务平台，实现案件起诉、调解、立案、送达、庭审、宣判、执行、上诉等诉讼环节的在线进行，集中管辖辖区内各类网络购物、网络服务合同、线上金融借款、侵害在线发表或者传播作品的著作权等纠纷。

2. 完善我国政府及司法机关 ODR 体系建设

随着我国互联网的普及与电子商务的日益发展，政府及民间机构也开始推动 ODR 体系的发展，诸如矛盾纠纷多元化解平台、人民法院在线调解平台、全国 12315 互联网平台及互联网仲裁等。

（1）矛盾纠纷多元化解平台。2016 年，中央综治委授权浙江省进行“矛盾纠纷多元化解一体化网络平台”创新项目试点，全国首个 ODR 平台应运而生。该 ODR 平台为运用 AI 技术和大数据为主的在线诉讼纠纷解决平台，汇集了辖区内各类矛盾纠纷的数据，提供在线咨询（人工咨询、智能咨询）、在线评估、在线调解、在线仲裁、在线诉讼五大专业服务，引入司法调解、人民调解、行业调解等多元化解纷方式，为消费者纠纷处理决策提供帮助，最终形成递进式漏斗型的矛盾纠纷解决模式，以“无创”或“微创”的方式化解矛盾纠纷，推动实现解纷领域“最多跑一次、最好不用跑”的目标。截至 2018 年年底，ODR 平台已上线 1445 名咨询师、

32526 名调解员，对接浙江省内 11 家仲裁机构、105 家法院，访问量总计达到 412.4 万人次，ODR 平台还被列为浙江省总结推广的“枫桥经验”六大工程之“互联网 + 社会治理”重点项目。

（2）人民法院在线调解平台。该平台 2018 年 2 月 28 日正式上线，由最高人民法院搭建，在全国法院试运行。当事人可以在该平台上提出调解申请，法院将类案推送给适合调解案件的当事人，引导当事人选择调解方式解决纠纷，打通线下线上多种渠道，实现在线制作调解协议和在线司法确认，对于调解不成功的案件，法官将引导当事人在线申请立案。

（3）全国 12315 互联网平台。该平台 2017 年 3 月 14 日启动，由工商总局搭建，全国工商和市场监管部门共同使用。平台一期是消费者通过电脑、手机 App、微信公共号、微信小程序等多渠道 24 小时进行投诉的平台。2018 年 3 月 15 日平台二期正式上线，引入了在线纠纷解决机制（ODR），为消费者提供在线纠纷解决方式。

（4）互联网仲裁。近年来，恶意欺诈、随意拖欠等纠纷大量产生，以传统的线下诉讼模式难以快速高效地解决这些繁杂的纠纷。各地仲裁机构纠纷与电子存证机构合作打造互联网仲裁平台，直接催生了司法与科技创新相结合的互仲链服务平台，利用区块链、云计算、大数据、AI 技术，发展成为“互仲链”，即互联网 + 仲裁委 + 证据链三套系统，案件申请、受理、送达、调解、举证、质证、结案等全流程均在线上完成，极大地节约了经济成本与司法成本。2016 年 5 月 20 日全国首家互联网仲裁院“青岛仲裁委员会互联网仲裁院”成立，其后广州、南京、杭州等多地区的仲裁委员会纷纷推出网络仲裁平台或互联网仲裁院。此举可以层层过滤和分流大量简易且适宜调解的案件，优化社会纠纷解决流程，合理配置社会纠纷解决资源，大大节省消费者处理纠纷的时间、精力和人力成本。

随着互联网的发展，我国行政契约线上交易日益增加，争议的方式也呈现多样化，如何能高效快捷低成本解决争议成为行政契约双方共同探讨的课题。采取 ODR 机制解决行政契约争议已经成为普遍选择，现在很多地方的行政机关、司法机关等都设立了相应的ODR机制，通过ODR方式解决行政契约争议，这样既可以减少双方交通成本、时间成本，又提高了解决问题的效率。"互联网+"已经成为未来的发展方向，特别是以后人工智能的发展，会引发更大的变革，ODR机制应当成为解决行政契约争议的主要参考，并且可以成为首要选择。随着ODR机制日趋完善，对解决行政契约争议必然会起到重大的作用。

四、完善《行政复议法》

行政复议是指公民、法人或者其他组织认为行政主体作出的具体行政行为侵犯了其合法权益，依法向法定的行政复议机关提出申请，由行政复议机关对该具体行政行为进行合法性、适当性审查，并作出相应决定的一种活动。[1] 行政复议制度在我国已经相对成熟，目前，我国已经制定了具体的《行政复议法》，对行政复议的范围、申请、受理、决定以及法律责任等都作出了比较详尽的规定。然而，无论如何，行政复议毕竟是以行政权监督行政权，而行政契约又产生于行政机关与行政相对人之间，因此当他们发生纠纷时，通过行政机关来解决行政机关与行政相对人的争议，行政主体可能出于各种原因的考虑，而向行政相对人施加额外的压力，迫使行政相对人接受不公正的解决方案，或者与行政相对人串通出卖公共利益。因此，我国《行政复议法》的规定虽然完备，却也并不是无懈可击，还存在一些有待完善的问题。

笔者认为，如果能从以下几个方面对《行政复议法》进行一些必要的修订，将可以使行政复议制度更好地发挥其作用。首先，《行政复议法》将行政复议的范围适当放宽，将行政契约也纳入行政复议的范围，以使行政契约相对人得到多一种的救济手段。其次，1999年制定的《行政复议法》设定的复议制度采取的是大信访、中诉讼和小复议的设计，2009年、

[1] 应松年主编：《行政行为法——中国行政法制建设的理论与实践》，人民出版社1993年版，第219页。

2017年的《行政复议法》依旧保持了这样的制度构建，这显然是不合时宜的，作为行政机关应当主动担当，解决行政争议。特别值得欣慰的是，2023年9月1日第十四届全国人民代表大会常务委员会第五次会议修订《行政复议法》时，明确规定“县级以上各级人民政府以及其他依照本法履行行政复议职责的行政机关是行政复议机关。行政复议机关办理行政复议事项的机构是行政复议机构。行政复议机构同时组织办理行政复议机关的行政应诉事项”“国家建立专业化、职业化行政复议人员队伍”。这就充分保证了行政复议机关在复议活动中所具有的中立的立场。

（一）行政复议解决行政契约争议的优越性

行政契约能否运用行政复议制度解决争议呢？应松年教授在其《行政行为法——中国行政法制建设的理论与实践》一书中指出，运用非诉讼形式解决行政契约争议的出路是行政复议制度。笔者认为，行政复议有以下优越性：

1. 行政复议有利于行政契约争议的解决。行政契约是行政行为的一种方式，是行政主体行政管理的手段。行政主体与行政相对人签订行政契约，是为了实现一定的行政管理目的，或是出于社会公共利益的需要。因此，行政主体最明白行政契约要实现什么目的。进行行政复议，不但可以顺利地解决纠纷，还可以最大限度地为实现契约目的排除障碍。

2. 符合我国《行政复议法》的受案范围。《行政复议法》第11条第13项规定，公民、法人或者其他组织“认为行政机关不依法订立、不依法履行、未按照约定履行或者违法变更、解除政府特许经营协议、土地房屋征收补偿协议等行政协议”，可以申请行政复议。这又为对行政契约进行行政复议提供了一个有力的法律依据。

3. 行政复议具有费用低、效率高等优点。我国行政契约案件数量有逐年上升的趋势，法院很难一一处理这些案件。行政复议能够使一些案件得到迅速处理，且可减少法院的负担，让法院将人力、物力、财力集中投入到重大案件中。

（二）完善《行政复议法》更有利于行政契约争议的解决

为了使行政复议制度更适宜解决行政契约，必须对行政复议制度进行相应修改，制定解决行政契约争议的特别规则，也就是在行政复议制度的单项性救济结构中建立专门解决行政契约的双向性救济结构，将绝大多数行政契约争议都纳入行政复议救济范围。

特别规则只适用于解决基于双方约定的权利义务关系基础上所产生的争议，如违约赔偿、单方面变更行政契约等。行政主体和行政相对人都可以提起行政复议。对于行政契约缔结与履行过程中，行政主体单方面行使行政特权所导致的争议，如对违约构成违法的行政相对一方处以行政处罚，或在拍卖或在招标投标后，对中标者的确定等，就应通过常规的复议规则处理。也就是说，行政相对一方认为行政主体侵犯其合法权益的，可以向复议机关提出行政复议，要求复议机关对该行政行为进行审查，并对其合法权益进行救济。

2023年6月26日，《中华人民共和国行政复议法（修订草案）》提请第十四届全国人大常委会第三次会议审议，2023年9月1日第十四届全国人民代表大会常务委员会第五次会议修订并公布。“此次行政复议法的主要修改包括：明确行政复议有关原则和要求、优化行政复议管辖体制、加强行政复议吸纳行政争议的能力、健全行政复议申请和受理程序、完善行政复议审理程序、强化行政复议决定及其监督体系。据梁鹰介绍，修订后的行政复议法，增加规定了多项便民举措，为当事人申请、参加行政复议提供便利，保障当事人在行政复议中的各项权利。为充分发挥行政复议化解行政争议的主渠道作用，新行政复议法从扩大行政复议范围、完善行政复议前置规定两方面，强化行政复议吸纳行政争议的能力。梁鹰认为，这对于创新有效预防和化解社会矛盾体制，完善多元化纠纷解决机制，提升社会治理效能具有十分重要的意义。行政复议管辖体制是行政复议的制度基础，此次修订行政复议法，着力构建统一、科学的行政复议管辖体制，明确县级以上地方各级人民政府统一行使行政复议职责，取消地方各级人民政府工作部门的行政复议职责等。提高行政复议公信力，关键在于提升行政复议审理的公正性，使行政复议取信于民。新行政复议法，着力完善行政复议审理程序，规定上级行政复议机关根据需要，可以审理下级行政复议机关管辖的行政复议案件，增加了简易程序，促进行政复议案件的繁简分流。行政复议机关作出的行政复议决定的质量和执行效果，直接关系到行政复议的权威性，新行政复议法进一步优化了行政复议决定体系，强化行政复议决定的执行监督力度。"〔1〕

五、完善《行政诉讼法》

我国学者研究行政契约司法救济制度的结论多倾向于将行政契约案件纳入行政诉讼范畴。之所以由行政诉讼统筹解决行政法上的纠纷，是因为我国要区别个案所涉及法律关系的性质，从而寻求不同的救济途径解决争议。目前从司法审判制度的运作来看，在处理行政契约纠纷时，还存在管辖疏漏、行政诉讼遇到障碍等问题。

（一）行政诉讼审查行政契约的可行性

从当事人的角度来看，行政契约案件的受理条件宽严意味着其获得法院救济机会的多寡，因此，研究行政诉讼审查行政契约的可行性必须从观察条件下手，其中受案范围、原告资格和前置程序问题非常重要。

1. 行政契约的可诉性

从各国立法情况和通过对行政诉讼案件受理基准的分析，我们完全可以确认行政契约的可诉性。

与公法和私法二元分立相对应，德国和法国等国家都设立了专门的行

〔1〕 参见《新修订的行政复议法明年1月1日起施行》，载全国人民代表大会网，http：//www. npc. gov. cn/c2/c30834/202309/t20230904_ 431523. html。

政法院审理行政案件。在德国，行政案件受理基准由法律规定，《德国联邦行政法院法》中规定，判断政府的某个行为是否属于受案范围的基准是“公法上争议”，但“公法上争议”并非全部可诉，须有两点限制：其一，该争议未被联邦法律划归其他法院管辖；其二，该争议不是宪法争议，因为宪法争议由宪法法院管辖。按照《德国联邦行政程序法》的定义，行政契约系设立、变更和撤销公法上法律关系的契约，依逻辑推演，因行政契约引起的争议属于公法争议，因而具有可诉性。[1]

在法国，法律在设立行政法院和普通法院两大审判体系之后，对于各自主管范围未作划分。不过，多年来行政法院和特别权限法庭在这方面积累了大量的案例，确立了多元化的界定主管范围之标准：一是公共权利说；二是公务说；三是新公共权利说。第一种观点已经被时代抛弃了，现在法国行政法院主要适用第二种观点和第三种观点。行政契约符合公务标准的，应当属于行政法院的受案范围，行政契约引发的争议是完全管辖权之诉，因而具有可诉性。

在英国和美国，由于没有划分公法与私法，也没有专门设立行政法院，所以所有争议均由普通法院管辖，行政契约案件通常由普通法院受理也是理所当然的，故而行政契约引发的争议具有可诉性。

借鉴英、美、法、德四国的理论与实践，笔者认为，在我国因行政契约引发的争议也可以由人民法院行政审判庭受理。我国《行政诉讼法》第12条第11项规定，“认为行政机关不依法履行、未按照约定履行或者违法变更、解除政府特许经营协议、土地房屋征收补偿协议等协议的”，属于行政诉讼的受案范围。这为将行政规约纳入行政诉讼范围开了一个好头，相信未来会有越来越多的行政契约将会成为受案范围。

2. 原告的范围

在法国，行政契约诉讼属于完全管辖之诉。完全管辖之诉属于主管诉

---

〔1〕 余凌云：《行政契约论》，中国人民大学出版社2000年版，第160页。

讼，由行政法官行使全部审判权力。法官对行政机关的决定不仅可作撤销判决，还可作变更判决，可以判决行政机关负赔偿责任，可以审判行政机关的单方面行为、当事人的双方行为、法律行为和事实行为。[1]

《德国联邦行政法院法》中规定，公民只有能够主张其权利受到侵害，即至少可能对其权利侵害的情况，才能针对行政机关的违法行为提起诉讼。[2]

《美国联邦行政程序法》相关条款对原告资格作出如下规定：任何人由于行政机关的行为而受到不法侵害，或者在某一有关法律意义内受到不利影响或侵害时，有权对该行为请求司法审查。

以上国家对于原告资格的界定大同小异。一是强调当事人具有一定的利益，二是强调侵权行为对这种利益的影响明显到一定的程度。将此标准应用到行政契约领域，可以确定原告的范围包括以下两类：（1）行政契约的双方当事人。行政相对人作为原告没有异议，而行政主体可以作为原告则是行政契约诉讼的一个特殊之处。行政契约诉讼中，行政主体与行政相对人处于平等地位，行政相对人欺诈或者违约完全可以侵害行政主体的合法权益，而行政主体并不总是能够自己救济自己的权益，存在请求司法救济的必要。因此，在行政契约诉讼中，需要承认行政主体的原告资格。（2）第三人。在行政契约中，比较典型的第三人有以下几种：行政契约影响第三人利益而未取得第三人同意；行政契约双方当事人串通损害第三人合法权益；在公共工程建设采取招标方式中的竞争权人。在特殊情况下，行政契约可能存在与契约的签订、履行具有利害关系的第三人，因此，也有必要赋予其原告的诉讼主体资格。

3. 行政契约争议先行处理程序

行政契约争议先行处理程序是美国行政契约争议处理机制的特点。契约当事人只有在穷尽了所有行政救济手段以后才能向法院起诉。1978 年

---

[1] 王名扬：《法国行政法》，中国政法大学出版社 1997 年版，第 59 页。
[2] 胡建淼主编：《中外行政法规：分解与比较》，法律出版社 2004 年版，第 168 页。

《美国合同争议法》对合同纠纷处理的相关规定进行重新修订，所有行政机关均可适用。该法规定，合同争议仍须先经合同官员处理，不过，对合同官员的决定不服，既可以向美国索赔法院起诉，也可以向行政机关的合同仲裁委员会提出申诉。笔者认为，我国也可以对行政契约提起行政诉讼时作出规定，必须先穷尽了所有行政救济手段以后才能向法院起诉，行政契约争议先行处理程序，可以作为选择程序，不能绝对化。

（二）完善我国《行政诉讼法》解决行政契约争议的机制

1. 修改《行政诉讼法》的受案范围

1989 年《行政诉讼法》对行政契约诉讼的最大障碍在于受案范围。根据当时的《行政诉讼法》第 2 条的规定，公民、法人或者其他组织对具体行政行为不服，才能提起行政诉讼。从这一规定来看，只有具体行政行为才能作为行政诉讼的受案范围，这就排斥了《行政诉讼法》对行政契约争议的管辖。从理论上讲，行政契约不属于具体行政行为。尽管司法解释采取积极的态度，对具体行政行为重新作出解释，将行政契约涵盖于行政诉讼的受案范围，但司法实践证明，效果并不明显。法院审理所谓行政契约案件多局限于行政相对人不服行政机关行使行政特权的情形，其他类型的行政契约争议基本没有进入司法审查的视野。其主要原因在于，司法解释在对具体行政行为作扩大化理解时并没有提出一个明确的定义。可见，法律对行政诉讼的受案范围规定得比较狭窄，司法解释不能完全弥补这一缺陷。

弥补这一缺陷的最佳方案就是修改《行政诉讼法》，将其受案范围扩大化。笔者建议，明确将行政契约争议列为行政诉讼的受案范围。如此规定后，人民法院在遇到行政契约争议时，可以直接立案审查，有利于法院行使审查权；行政契约的当事人在遇到行政契约争议时，也能够依据《行政诉讼法》起诉。

2019 年最高人民法院发布《关于审理行政协议案件若干问题的规定》

表明行政契约已经被列入行政诉讼的受案范围。这是我国行政法领域非常大的一次改革，笔者认为非常必要。该规定第 2 条规定，“公民、法人或者其他组织就下列行政协议提起行政诉讼的，人民法院应当依法受理：（一）政府特许经营协议；（二）土地、房屋等征收征用补偿协议；（三）矿业权等国有自然资源使用权出让协议；（四）政府投资的保障性住房的租赁、买卖等协议；（五）符合本规定第一条规定的政府与社会资本合作协议；（六）其他行政协议”，从而以列举的方式规定了人民法院的受案范围。第 3 条规定：“因行政机关订立的下列协议提起诉讼的，不属于人民法院行政诉讼的受案范围：（一）行政机关之间因公务协助等事由而订立的协议；（二）行政机关与其工作人员订立的劳动人事协议。”本条规定排除了行政机关之间、行政机关与其工作人员之间的协议进入行政诉讼，这些协议作为行政机关的内部协议行为，不能成为行政诉讼的受案范围。第 8 条规定：“公民、法人或者其他组织向人民法院提起民事诉讼，生效法律文书以涉案协议属于行政协议为由裁定不予立案或者驳回起诉，当事人又提起行政诉讼的，人民法院应当依法受理。”本条规定了对提起行政契约争议民事诉讼人民法院没有受理的，可以提起行政诉讼，这种情况下人民法院应当受理。时代在变，法律应当跟上时代的发展。《行政诉讼法》再次修改时，应在立法上将《最高人民法院关于审理行政协议案件若干问题的规定》所列相关行政协议明确纳入行政诉讼的受案范围。

2. 修改《行政诉讼法》关于原告、被告的范围

从《行政诉讼法》第 2 条规定来看，原告是恒定的，即公民、法人或者其他组织，只能当原告。被告也是恒定的，行政主体只能作为被告被行政相对人起诉，不能作为原告。如果按照以往的行政法理念，在行政机关作出的抽象行政行为和具体行政行为中，行政主体是处于强势地位的，行政相对人作为弱者，双方地位不平等。行政主体可以对违法的行政相对人直接做出行政处理，不需要向法院提起诉讼。但是当行政主体侵犯行政相对人合法权益时，行政相对人却没有与行政主体同等的权力来制裁行政主

体，只能通过行政诉讼来请求人民法院救济自己的合法权益。从这一角度来理解，现行《行政诉讼法》关于原告的设定是对行政相对人的保护。

但是在行政契约中，由于双方当事人地位平等，虽然在行政契约中行政主体可以行使对契约的监督权、解释权，甚至可以单方面解除契约，但是与高权行政相比，在行政契约中，双方的地位大体是平等的。所以在一定情况下，行政主体不能靠自己的力量救济自己。特别是在法律、法规授权组织不能对行政相对人做出强制行为时，如果不赋予行政主体的原告资格，显然会对国家的利益造成损害。

最高人民法院发布的《关于审理行政协议案件若干问题的规定》中对原告、被告做了详细的规定。该规定第 4 条规定："因行政协议的订立、履行、变更、终止等发生纠纷，公民、法人或者其他组织作为原告，以行政机关为被告提起行政诉讼的，人民法院应当依法受理。因行政机关委托的组织订立的行政协议发生纠纷的，委托的行政机关是被告。"第 5 条规定："下列与行政协议有利害关系的公民、法人或者其他组织提起行政诉讼的，人民法院应当依法受理：（一）参与招标、拍卖、挂牌等竞争性活动，认为行政机关应当依法与其订立行政协议但行政机关拒绝订立，或者认为行政机关与他人订立行政协议损害其合法权益的公民、法人或者其他组织；（二）认为征收征用补偿协议损害其合法权益的被征收征用土地、房屋等不动产的用益物权人、公房承租人；（三）其他认为行政协议的订立、履行、变更、终止等行为损害其合法权益的公民、法人或者其他组织。"第 6 条规定："人民法院受理行政协议案件后，被告就该协议的订立、履行、变更、终止等提起反诉的，人民法院不予准许。"第 7 条规定："当事人书面协议约定选择被告所在地、原告所在地、协议履行地、协议订立地、标的物所在地等与争议有实际联系地点的人民法院管辖的，人民法院从其约定，但违反级别管辖和专属管辖的除外。"笔者认为在修订《行政诉讼法》时，完全可以把上述内容载入《行政诉讼法》。比如，把单向性救济结构修改为双向性救济结构，通过立法的形式确认行政主体在行政契约中也可以成为原告，获得原告资格；可以通过法律规定，让行政主体享有反诉权；赋予前文介绍的第三人原告资格，等等。

3. 修改《行政诉讼法》关于证据的举证制度

行政契约诉讼证据中，有两个核心问题值得探讨：一是举证责任；二是证明标准。

（1）行政契约诉讼的举证责任。《行政诉讼法》及《最高人民法院关于行政诉讼证据若干问题的规定》、《最高人民法院关于审理行政协议案件若干问题的规定》均明确行政诉讼的实体问题由被告承担举证责任，原告只在例外情况下负责举证。[1] 行政契约诉讼是否适用此种举证规则，不能一概而论。行政契约具有双重属性，即契约性与行政性。相应地，行政契约案件也可分为两类，即权力争议案件与自治争议案件。权力争议案件，由行政机关行使主导性权力的行为引起。在行政契约中，权力争议案件包括对行政机关缔结行政契约的合法性有异议的案件，以及对行政机关行使优益权的行为有异议的案件。这些争议案件均涉及行政机关主导性权力行为的合法性，故与具体行政行为一样，应由作为被告的行政机关承担举证责任。自治争议案件，即非权力争议案件，主要是指行政契约的违约争议案件。无论是行政相对人还是行政机关提起此类案件的诉讼，均应由提起诉讼的人承担举证责任，即“谁主张，谁举证”。[2] 此外，由行政相对人发起的变更诉讼，亦属非权力争议案件引发的诉讼，行政相对人应对变更的事实基础承担举证责任。

（2）行政契约诉讼的证明标准。关于证明标准，《最高人民法院关于行政诉讼证据若干问题的规定》只用了“充分的证据”的表述，但对于何为“充分的证据”，未作进一步解释。由于被诉行为的类型多样，与刑事诉讼和民事诉讼相比，行政诉讼的证明标准也呈现多样化的特点，在行政

〔1〕 马怀德主编：《行政诉讼原理》，法律出版社 2003 年版，第 258 页。

〔2〕 贺荣主编：《行政执法与行政审判实务——依法行政与行政诉讼》，人民法院出版社 2005 年版，第 274 页。

契约案件中同样如此。权力争议行政契约案件，由行政权单方性的特点所决定，对其适用的证明标准应高于非权力争议的行政契约案件。证据对事实的证明程序应达到“清楚而有说服力”，也有学者将此种标准叫作“明显优势标准”。[1] 至于自治性质的行政契约争议案件，由行政契约形成的合意性所决定，其证明标准可以比照民事诉讼的证明标准——优势证明标准，即在诉讼中，承担证明责任的一方当事人要提供足够的证据使法官相信案件事实的存在比不存在更具有可信性，要使法院相信其所提供的证据比对方当事人提供的相反证据具有更强的证明力。[2]

《最高人民法院关于审理行政协议案件若干问题的规定》第10条规定了举证责任：“被告对于自己具有法定职权、履行法定程序、履行相应法定职责以及订立、履行、变更、解除行政协议等行为的合法性承担举证责任。原告主张撤销、解除行政协议的，对撤销、解除行政协议的事由承担举证责任。对行政协议是否履行发生争议的，由负有履行义务的当事人承担举证责任。”该条规定还是主张一般情况下由被告（行政机关）负举证责任，但也有例外——由原告负担举证责任，即如果对行政契约是否履行发生争议，或者行政机关给行政相对人造成损失的，由原告和被告对自己应当提供的证据负举证责任。《行政诉讼法》再修订时若能吸收此规定中关于举证责任的司法解释内容，举证责任就更趋于平衡了。

（3）修改《行政诉讼法》关于行政判决的方式

在国外，司法审查的对象是行政主体的行政活动，既包括高权行政行为，也包括契约行政行为。一般来说，对于高权行政行为，法院对行政行为的司法审查程度往往受到严格限制，法院认为行政行为违法，只能判决撤销，而不能作出一个新的行政行为来代替原来的行政行为。在行政契约

[1] 薛刚凌、王霁霞：《论行政制度的完善与发展——〈行政诉讼法〉修订之构想》，载《政法论坛》2003年第1期。

[2] 李国光主编：《最高人民法院〈行政诉讼证据若干问题的规定〉释义与适用》，人民法院出版社2002年版，第198页。

的司法审查程度上限制较少，法院可以根据案件的实际情况在多种判决方式中进行选择。在法国，行政诉讼被分为两种，即撤销之诉和完全管辖之诉。在撤销之诉中，如果被诉行政行为存在违法情形，则法院只能判决撤销，而不能改变。在完全管辖权之诉中，法院享有类似普通法院法官的权力，其可以作出撤销、变更、给付等多种判决。行政契约诉讼就是最为典型的完全管辖之诉。[1]

《最高人民法院关于审理行政协议案件若干问题的规定》第 11 条第 1 款规定的是合法性审查，即“人民法院审理行政协议案件，应当对被告订立、履行、变更、解除行政协议的行为是否具有法定职权、是否滥用职权、适用法律法规是否正确、是否遵守法定程序、是否明显不当、是否履行相应法定职责进行合法性审查”。该条第 2 款规定的是对是否履行法定义务进行审查，即“原告认为被告未依法或者未按照约定履行行政协议的，人民法院应当针对其诉讼请求，对被告是否具有相应义务或者履行相应义务等进行审查”。第 12 条规定的是无效协议判决，即“行政协议存在行政诉讼法第七十五条规定的重大且明显违法情形的，人民法院应当确认行政协议无效。人民法院可以适用民事法律规范确认行政协议无效。行政协议无效的原因在一审法庭辩论终结前消除的，人民法院可以确认行政协议有效”。第 13 条规定的是未生效判决，即“法律、行政法规规定应当经过其他机关批准等程序后生效的行政协议，在一审法庭辩论终结前未获得批准的，人民法院应当确认该协议未生效。行政协议约定被告负有履行批准程序等义务而被告未履行，原告要求被告承担赔偿责任的，人民法院应予支持”。第 14 条规定的是撤销协议判决，即“原告认为行政协议存在胁迫、欺诈、重大误解、显失公平等情形而请求撤销，人民法院经审理认为符合法律规定可撤销情形的，可以依法判决撤销该协议”。第 15 条规定的是返还财产的判决和赔偿判决，即“行政协议无效、被撤销或者确定不发

[1] 贺荣主编：《行政执法与行政审判实务——依法行政与行政诉讼》，人民法院出版社 2005 年版，第 274 页。

生效力后，当事人因行政协议取得的财产，人民法院应当判决予以返还；不能返还的，判决折价补偿。因被告的原因导致行政协议被确认无效或者被撤销，可以同时判决责令被告采取补救措施；给原告造成损失的，人民法院应当判决被告予以赔偿”。第16条第1款和第22条规定了驳回原告诉讼请求的判决。第16条第1款规定：“在履行行政协议过程中，可能出现严重损害国家利益、社会公共利益的情形，被告作出变更、解除协议的行政行为后，原告请求撤销该行为，人民法院经审理认为该行为合法的，判决驳回原告诉讼请求；给原告造成损失的，判决被告予以补偿”。从该款来看，人民法院经审理可以认定行政机关变更、解除损害国家、社会利益的行政契约行为合法，并判决驳回原告起诉，造成原告受损的可以判决被告予以补偿。第22条规定：“原告以被告违约为由请求人民法院判令其承担违约责任，人民法院经审理认为行政协议无效的，应当向原告释明，并根据原告变更后的诉讼请求判决确认行政协议无效；因被告的行为造成行政协议无效的，人民法院可以依法判决被告承担赔偿责任。原告经释明后拒绝变更诉讼请求的，人民法院可以判决驳回其诉讼请求”。从本条可以看出，虽然撤销了该行政协议，但人民法院可以责令行政机关重新作出行政行为。第16条第3款规定了赔偿判决，即“被告变更、解除行政协议的行政行为违法，人民法院可以依据行政诉讼法第七十八条的规定判决被告继续履行协议、采取补救措施；给原告造成损失的，判决被告予以赔偿”。第17条规定了解除行政契约判决，即“原告请求解除行政协议，人民法院认为符合约定或者法定解除情形且不损害国家利益、社会公共利益和他人合法权益的，可以判决解除该协议”。第19条第1款规定了被告继续履行判决，即“被告未依法履行、未按照约定履行行政协议，人民法院可以依据行政诉讼法第七十八条的规定，结合原告诉讼请求，判决被告继续履行，并明确继续履行的具体内容；被告无法履行或者继续履行无实际意义的，人民法院可以判决被告采取相应的补救措施；给原告造成损失的，判决被告予以赔偿”。从本条分析可以得出两重意思：一是需要被告继续履行的，人民法院可以判决被告继续履行行政契约的义务；二是无法履行义务或者没有履行义务必要的，人民法院判决被告采取补救措施。第18条、第19条第2款、第20条和第21条规定了支持判决。第18条规定："当事人依据民事法律规范的规定行使履行抗辩权的，人民法院应予支持。"第19条第2款规定："原告要求按照约定的违约金条款或者定金条款予以赔偿的，人民法院应予支持。"第20条规定："被告明确表示或者以自己的行为表明不履行行政协议，原告在履行期限届满之前向人民法院起诉请求其承担违约责任的，人民法院应予支持。"第21条规定："被告或者其他行政机关因国家利益、社会公共利益的需要依法行使行政职权，导致原告履行不能、履行费用明显增加或者遭受损失，原告请求判令被告给予补偿的，人民法院应予支持。"第23条规定了可以调解的情形，即"人民法院审理行政协议案件，可以依法进行调解。人民法院进行调解时，应当遵循自愿、合法原则，不得损害国家利益、社会公共利益和他人合法权益"。第24条规定了行政机关申请强制执行判决，即"公民、法人或者其他组织未按照行政协议约定履行义务，经催告后不履行，行政机关可以作出要求其履行协议的书面决定。公民、法人或者其他组织收到书面决定后在法定期限内未申请行政复议或者提起行政诉讼，且仍不履行，协议内容具有可执行性的，行政机关可以向人民法院申请强制执行。法律、行政法规规定行政机关对行政协议享有监督协议履行的职权，公民、法人或者其他组织未按照约定履行义务，经催告后不履行，行政机关可以依法作出处理决定。公民、法人或者其他组织在收到该处理决定后在法定期限内未申请行政复议或者提起行政诉讼，且仍不履行，协议内容具有可执行性的，行政机关可以向人民法院申请强制执行"。上述《最高人民法院关于审理行政协议案件若干问题的规定》关于受案范围、原告被告资格、举证责任和判决方式等的规定，完善了通过行政诉讼解决行政契约争议的问题。

我国《行政诉讼法》的判决方式均围绕具体行政行为而设定，难以适应行政契约争议案件判决的需要。[1] 笔者建议借鉴完全管辖之诉的概念，在修订我国《行政诉讼法》时，引入完全管辖权诉讼的概念，明确行政契约诉讼属于完全管辖权诉讼，赋予法院在审理行政契约争议案件时可以做出撤销判决、变更判决以及给付判决等权利。由此，行政契约争议案件就会得以更加有效地解决。

---

〔1〕 马怀德主编：《行政诉讼原理》，法律出版社2003年版，第258页。

第二编

行政契约典型案例

最高人民法院行政协议典型案例（第一批）[1]

（2021 年 5 月）

1. 某公司诉福建省莆田市荔城区人民政府请求撤销征收补偿安置协议案

基本案情

2007 年，福建省某时装有限公司（以下简称某公司）取得涉案土地的国有土地使用权。2011 年 2 月 16 日，福建省莆田市人民政府对莆田市城区工业企业搬迁工作制定了具体搬迁补偿细则。2015 年 3 月 8 日，福建省莆田市荔城区人民政府（以下简称荔城区政府）委托福建光明资产评估房地产估价有限责任公司对某公司企业资产搬迁补偿价值进行评估。2017 年 1 月 22 日，莆田市磐龙山庄项目指挥部受荔城区政府委托与某公司订立《企业征迁补偿安置协议书》（以下简称补偿协议），该补偿协议对合同主体，土地使用权、地上建筑物、构筑物和实物资产情况，补偿方式，补偿项目及补偿金额，过渡方式，征迁补偿款支付方式及交房期限，违约责任等进行了约定。2017 年 5 月 15 日，某公司以补偿协议显失公平为由提起行政诉讼，请求撤销补偿协议。

裁判结果

福建省宁德市中级人民法院一审认为，补偿协议第六条约定，将搬迁补贴额预留 12,104,576 元作为履约保证金，某公司需开展兼并重组且兼并重组投资额需大于征迁补偿额 36,182,713 元，并经荔城区政府审核后，才

---

[1] 《最高人民法院发布行政协议典型案例》，载最高人民法院官网，https：//www.court.gov.cn/zixun－xiangqing－301081.html。收录时做隐名处理。

可以取得履约保证金。如果某公司投资额小于征迁补偿额，将取消某公司履约保证金。该条款对被征收人获得搬迁费用人为附加了不平等条件，明显违反法律强制性规定，补偿明显不合理，行政协议显失公平。遂判决撤销某公司与荔城区政府订立的补偿协议。荔城区政府不服，提出上诉。

福建省高级人民法院二审认为，就补偿协议内容来看，某公司要获得协议约定的全部搬迁补贴额，必须满足以下条件：一是完成企业兼并重组；二是兼并重组投资额必须大于征迁补偿额。而实践中，实现企业的兼并重组需要有合适的被兼并对象且兼并双方需能达成合意。因此，某公司要实现上述条款的首要条件就必须依赖第三方的参与及其意思表示，而非某公司依其独立意志可以成就，这样的条件设定对于某公司权利的实现显然困难。条件中关于“投资额必须大于征迁补偿额”“如果投资额小于征迁补偿额将取消履约保证金”等设定没有考虑到某公司投资的实际状况以及实践中投资额到位的各种可能性，没有对投资额到位作出合理的安排，简单规定投资额一旦小于约定就取消履约保证金，对于某公司而言显然过于苛刻。从补偿协议履约保证金设定的金额来看，补偿协议中约定的搬迁补贴额为27,173,083元，而约定的履约保证金为12,104,576元，约占搬迁补贴额的45%，如此巨额的履约保证金对于某公司也是极为不公平的。因此，补偿协议为某公司获得合法合理的搬迁补贴额附加了不平等的条件，违反了合同所应遵循的公平、平等的基本原则。一审判决据此认定补偿协议存在不公平的情形，依法撤销补偿协议，于法有据。荔城区政府可在与某公司充分协商的基础上，遵循公平原则重新就补偿安置达成协议。二审遂判决驳回上诉，维持一审判决。

典型意义

如何在契约自由与公法监管之间找到最佳的平衡点，是行政协议案件审理的难点。行政机关在行政协议的订立过程中，应秉持公平公正、“禁止不当联结”等原则，合理利用自身的资源优势，与相对人展开平等协商，达到既实现公共治理，又有效保护和实现相对人合法权益的目的。本案中，获得拆迁补偿属于被征收人的法定权利，其与被征收人是否完成投资额等义务之间没有合理关联。涉案行政协议的订立，虽在形式上符合平等协商的要求，但因行政机关利用其强势地位为协议相对人设定明显不对等的条件或者义务，实质上并不具有合意基础，违反了“禁止不当联结”原则。因此，针对协议相对人提出行政协议存在显失公平情形之主张，人民法院除可以参照适用民事法律规范的相关规定对是否属于合意进行审查外，还应当适用行政行为的合法性标准对是否存在“不当联结”进行判断。经审查认定存在显失公平或者不当联结情形的，人民法院应当依法支持协议相对人主张撤销行政协议的诉讼请求。

2. 温某某诉上海市虹口区住房保障和房屋管理局请求确认房屋征收补偿协议无效案

基本案情

2015 年 12 月 3 日，上海市虹口区人民政府作出房屋征收决定，涉案房屋在征收范围内，冯某某为承租人，内有在册户籍人口 14 人。2016 年 1 月 20 日，上海市虹口区旧区改造和房屋征收居住困难认定小组（以下简称虹口居困认定小组）确认冯某某户在册户籍人口包括冯某某、温某某、冯某英等 11 人符合居住困难户认定条件。2016 年 1 月 27 日，冯某某户与上海市虹口区住房保障和房屋管理局（以下简称虹口区房管局）订立了《上海市国有土地上房屋征收补偿协议》（以下简称补偿协议），协议第六条（居住困难保障补贴）中载明：“经认定，被征收户符合居住困难户的补偿安置条件，居住困难人口为 11 人，居住困难户增加货币补贴款人民币 2,023,739.62 元。” 2016 年 2 月 3 日，该户交房拆除。同年 10 月 20 日，冯某英等人向上海市虹口区人民法院起诉温某某等人分家析产诉讼。在该案审理中，询问各方当事人对补偿协议效力的意见，各方均认为协议有效。2016年12月，冯某某过世。温某某认为补偿协议认定的居住困难人口中有多人不符合居住困难认定条件，损害了国家利益，侵犯了自身的合法权益，遂提起本案诉讼请求确认补偿协议无效。案件审理过程中，虹口居困认定小组对该户居住困难人口进行了重新审核和认定，剔除了不符合居住困难认定条件的5人，将居住困难人口认定为6人。

裁判结果

上海铁路运输法院一审认为，补偿协议的签约主体适格，其内容并无法定无效的情形，故温某某请求确认补偿协议无效理由及依据不足，不予支持。但补偿协议对冯某某户的居住困难人口认定确有错误，进而影响到居住困难户保障补贴数额的确定。虹口居困认定小组在本案审理中对居住困难人口重新作出认定，符合法律、法规及相关政策的规定。考虑到补偿协议对于居住困难户保障补贴的确定涉及国家征收补偿资金，虹口区房管局作为征收部门明确要求返还错误增加的补贴，因此对补偿协议第六条内容依法应予变更。温某某正是以此为由请求确认补偿协议无效，因此变更补偿协议与其诉讼请求并无矛盾。遂判决：一、驳回温某某的诉讼请求；二、变更补偿协议第六条为：经认定，被征收户符合居住困难户的补偿安置条件，居住困难人口为6人，居住困难户增加货币补贴款人民币428,739.62元。温某某等户内人员不服，提起上诉，上海市第三中级人民法院判决驳回上诉，维持一审判决。

典型意义

土地房屋征收补偿协议是行政诉讼法规定的重要的行政协议。人民法院在审理行政协议案件时，应当适用行政诉讼法规定对协议订立主体、内容等进行合法性审查，既要保障被征收人的征收补偿利益，也要避免国家财政资金的非法流失。若当事人提出的诉讼请求不能成立或者部分成立，而行政协议又不具有合法性的，人民法院不宜简单判决驳回诉讼请求。本案中，涉案行政协议对补偿款项的认定确有错误，但又不足以影响协议效力，人民法院根据行政诉讼法第七十七条的规定作出变更判决，既回应了当事人的实质诉求，保障被征收人获得公平、公正的补偿，又使涉案协议回归合法状态，有效监督房屋征收部门依法进行征收补偿工作，实质性解决行政协议争议，减少当事人的讼累。

3. 张某某诉重庆市綦江区新盛镇人民政府不履行土地复垦行政协议案

基本案情

2013年1月24日，张某某与重庆市綦江区新盛镇人民政府（以下简称新盛镇政府）订立《农村建设用地复垦协议书》，约定由张某某自愿将其使用的位于新盛镇陈家村1社633m^2农村建设用地，交付新盛镇政府向綦江区国土资源和房屋管理局（以下简称綦江区国土房管局）申报实施复垦，待验收合格并取得合格证后，给予张某某退出宅基地补偿费共计114,054元，由新盛镇政府统一拆除房屋后10个工作日内预付28,513元（后已实际支付），剩余款项待验收合格并取得合格证后，按竣工验收确认面积结算并支付。綦江区国土房管局在重庆地质矿产研究院出具审查意见书后作出建设用地整理合格证，载明张某某建设用地为575m^2。张某某退出宅基地及附属设施用地时同期发布的农户所得地票交易价格为13.005万元/每亩。张某某认为新盛镇政府未按约定履行《农村建设用地复垦协议书》规定的义务，遂向人民法院提起行政诉讼，请求支付剩余的土地复垦补偿费94,969.48元及从起诉之日起至付清全款时止资金占用利息。

裁判结果

重庆市大渡口区人民法院认为，案涉《农村建设用地复垦协议书》系为完成行政管理目标而订立，协议内容具有行政法上权利义务，属于行政协议。新盛镇政府所举示的证据足以证明，该地块所涉复垦项目竣工后审查确认面积为575m^2。张某某退出农村建设用地应得的土地复垦补偿费用112,168.13元，已领取首期付款金额28,513元，尚余83,655.13元未领取。但新盛镇政府所举证据均不足以证明其已将剩余款项依法支付，或者虽未依法支付但存在正当阻却事由。故新盛镇政府尚有 83,655.13 元土地复垦补偿费未支付给张某某，且其未及时足额支付的行为确给张某某造成资金占用损失，张某某要求支付资金占用利息应当依法支持。遂判决新盛镇政府继续履行《农村建设用地复垦协议书》，在判决生效之日起 15 日内支付张某某土地复垦补偿费 83,655.13 元及资金占用利息（从起诉之日起计付至付清全款时止，按中国人民银行公布的同期贷款利率计息）。一审宣判后双方当事人未上诉。

典型意义

土地复垦是优化农村土地结构布局、完善乡村设施配套、改善乡村人居环境的重要方式，协议相对人与行政机关订立的土地复垦协议属于行政协议。人民法院应当依法支持行政机关通过柔性手段即与相对人达成协议推进土地复垦工作，落实合理利用土地和切实保护耕地的基本国策。司法实践中，当事人就行政协议的履行争议提起行政诉讼，但其提出的诉讼请求形式上可能属于传统的单方行政行为之诉。如本案当事人原先提出的诉讼请求为确认被告减少复垦面积违法并予以行政赔偿，但其实质为对土地复垦协议的履行产生争议。对于此类情形，人民法院应当依法释明，引导当事人提起行政协议履行之诉。土地复垦协议的约定事项与实际情况不一致时，应当以实际情况为依据。协议当事人主张按照实际情况履行协议的，则应当对实际情况的事实承担举证责任。另外，本案在违约责任认定上，人民法院参照适用民事法律规范有关规定，充分考量资金占用损失的法律性质，认定行政机关存在逾期支付款项情形，结合当事人的诉讼请求，判令其支付相应利息，有利于充分保障协议相对人的合法权益，有利于促进行政机关守信践诺。

4. 张某成诉北京市门头沟区人民政府房屋征收办公室、北京市门头沟区龙泉镇人民政府不履行行政协议案

基本案情

张某某系北京市门头沟区龙泉镇滑石道村村民。1967 年 6 月，张某某与李某某结婚，婚后育有两子：张某军、张某成。1985 年 4 月，李某某去世。1999 年，张某某申请宅基地并建设本案被征收房屋，该房屋属张某某一人所有。2012 年 6 月 15 日，张某某作为被征收人与北京市门头沟区房屋征收事务中心（以下简称门头沟征收中心，相关职责已由北京市门头沟区人民政府房屋征收办公室承担）、北京市门头沟区龙泉镇人民政府（以下简称龙泉镇政府）订立房屋征收补偿安置协议。2015 年 5 月 11 日，张某某与门头沟征收中心、龙泉镇政府订立补充协议，约定安置张某某两居室一套、一居室一套，其中两居室安置房一套已交付被征收人。2015 年 6 月 26 日，由张某军代张某某选择了安置房屋。张某某于 2015 年 12 月 7 日去世，张某军于 2016 年 7 月 2 日去世，此时安置房屋尚未交付。张某成提起行政诉讼，主张其为张某某的唯一合法继承人，请求判令北京市门头沟区人民政府房屋征收办公室（以下简称门头沟征收办）与龙泉镇政府向其交付涉案安置房屋。

裁判结果

北京市门头沟区人民法院一审认为，张某某去世后，其作为协议一方当事人的权利应当由其继承人依法继承。现张某成主张其为张某某的唯一合法继承人并要求两被告向其履行协议，但其提交的现有证据不足以证明其为张某某的唯一合法继承人。因此，张某成以张某某唯一合法继承人的身份，要求法院判决两被告向其交付涉案安置房屋并以自己名义领取钥匙的诉讼请求缺乏事实与法律依据，遂判决驳回张某成的诉讼请求。

北京市第一中级人民法院二审时依法向属地派出所、民政局、档案馆

等单位查询张某某、张某军的户籍、婚姻登记信息，张某军与张某成属于同一户籍，未发现张某军的婚姻登记信息。至二审判决作出，未发现存在与张某成处于同等地位的继承人。二审认为，结合张某成提交的证据以及法院调取的证据材料，可以认定被征收房屋属张某某一人所有，在张某某去世后，不存在与张某成处于同等地位的继承人，且门头沟征收办与龙泉镇政府对此亦不持异议，因此张某成可以继承张某某在被诉协议和被诉补充协议中享有的权利。如果事后出现新的证据，能够证明张某某尚存在与张某成处于同等地位的其他继承人，该继承人亦有权向张某成主张涉案安置房屋的相关权利，有权要求共同分割该部分利益。遂撤销一审判决，并判令门头沟征收办与龙泉镇政府向张某成交付涉案安置房屋。

典型意义

促进行政争议实质性化解是行政诉讼制度的一项重要功能。司法实践中，行政协议当事人之间的争议可能根源于基础民事法律关系的确认。根据法律规定以及已有证据可以直接认定或者推定基础民事法律关系的，人民法院不宜再要求当事人另行提起民事诉讼。本案中，二审法院为确认基础民事法律关系是否真实存在，依职权向有关行政主管部门核实，并在案件事实部分直接予以认定，可以减少当事人进一步证明“我就是我”的诉累，确保当事人的合法权益及时兑现，促进行政争议的实质性化解。同时，因可能存在推翻推定事实的证据，为保障潜在权利人的合法权益，二审法院为后续可能产生的争议明确解决方案或者救济路径，可以实现裁判公平与效率的有机统一，切实增强人民群众的获得感。

5. 某公司诉吉林省长白山保护开发区池北区管理委员会、吉林省长白山保护开发区管理委员会不履行招商引资行政协议案

基本案情

经吉林省长白山保护开发区池北区管理委员会（以下简称池北区管委会）请示，吉林省长白山保护开发区管理委员会（以下简称长白山管委会）于2011年6月28日作出会议纪要，允诺为招商企业长白山保护开发区某热力有限公司（以下简称某热力公司）在办理前期手续、委托环评、争取政策和资金支持等项目筹建方面提供帮助和支持。随后，某热力公司与长白山保护开发区某商砼有限公司（以下简称某公司）负责人签署投资商砼混凝土搅拌站协议，某公司负责人按照约定进行了投资建设。2014年，某公司申请为商砼混凝土搅拌站项目办理环评手续，但因原选址不符合环境保护要求，未获批准。2017年，长白山管委会住房和城乡建设局作出长管建函〔2017〕25号《管委会住建局关于某商砼混凝土搅拌站项目异地选址的函复》，内容有："……现有城区无法选出符合条件的选址场所；某商砼混凝土搅拌站项目为我区刚成立时的招商引资项目，建议将该商砼站临时选择到宝马城空地内，以保证商砼站正常生产；某商砼站与某热力供热项目同属管委会招商遗留问题，在处理某热力供热问题时应同时处理某商砼站问题。"2018年4月，因一直未能重新选定地址、无法继续经营，某公司提起行政诉讼，请求判令池北区管委会及长白山管委会为其尽快办理前期手续及场地选址事宜；如确实无法异地选址，应给予适当的货币补偿。

裁判结果

吉林省延边朝鲜族自治州中级人民法院一审认为，长白山管委会认可某商砼混凝土搅拌站项目是招商引资项目，并认为某商砼站属招商遗留问

题，因此某公司可以享受招商引资政策，具备本案原告主体资格。案涉招商引资协议系行政协议，在案涉商砼混凝土搅拌站因原选址不符合环境保护要求、无法正常生产的情况下，池北区管委会、长白山管委会应当履行协议义务，为某公司及时办理前期手续和场地选址事宜；如果因客观原因在辖区内确实无法重新选址，项目无法继续推进，池北区管委会、长白山管委会应当对某公司的相关损失依法作出处理。遂判决：限池北区管委会和长白山管委会于本判决生效之日起六个月内履行法定职责，为某公司办理前期手续及场地选址事宜，或者对某公司的损失依法作出处理。池北区管委会、长白山管委会不服，提起上诉。

吉林省高级人民法院二审认为，某公司基于管委会的行政允诺，依约进行了投资建设。在相关政策及许可标准发生变化的情况下，项目成为招商遗留问题，池北区管委会、长白山管委会应当对此进行处理。在客观上无法实现原招商目的时，应当对实际投资人的损益作出处理，避免侵害营商环境。遂判决驳回上诉，维持一审判决。

典型意义

法治是最好的营商环境，诚信政府是最好的招商名片。地方政府为吸引外来投资、搞活本地市场，采取提供优惠政策的方式招商引资，符合法律规定。但有些招商引资项目建设、经营周期较长，在实际推进过程中，因客观情况导致相关允诺未能按时如约履行，进而产生纠纷。本案明确地方政府及其职能部门为实现公共管理职能或者公共服务目标与投资主体达成的给予一系列优惠政策的招商引资协议，属行政协议。对于此类协议，无论是从履行行政管理的公法主体角度，还是从合同缔约者的角度，地方政府都应本着诚实守信的原则依法依约履行协议义务。同时，一、二审判决遵循司法谦抑原则，充分尊重行政机关的首次判断权，并对行政机关的后续履职行为提出明确的司法指引，充分保障了行政相对人的合法权益。本案作为一起涉及优化营商环境、督促政府守信践诺的典型案件，彰显了人民法院通过行政诉讼保护民营企业合法权益的司法理念，保障民营企业参与当地投资建设的安全感，推动当地诚信政府、法治政府建设。

6. 陈某某诉湖南省株洲市渌口区人民政府单方撤销房屋征收补偿协议决定案

基本案情

2014 年 7 月 21 日，湖南省株洲县人民政府（后更名为株洲市渌口区人民政府，以下分别简称为株洲县政府、渌口区政府）发布《关于王家洲棚户区改造项目房屋征收决定的通告》，决定对株洲县渌口镇桔园居委会范围内房屋进行征收。陈某某的案涉房屋位于征收范围内，房产证登记面积 387.68 平方米。2015 年 9 月 17 日，湖南省株洲县渌口镇人民政府（以下简称渌口镇政府）与陈某某订立了《房屋征收补充协议》（以下简称《补充协议》），约定补偿陈某某 378,206 元。同日，渌口镇政府与陈某某订立了第一份《房屋征收遗漏补充协议》（以下简称《遗漏补充协议》），约定补偿陈某某 1,362,575 元。同日，渌口镇政府又与陈某某订立了第二份《遗漏补充协议》，约定补偿陈某某 362,575.5 元。2015 年 9 月 18 日，渌口镇政府（甲方）与陈某某（乙方）订立《国有土地上房屋征收补偿安置协议书》（以下简称《补偿安置协议书》）。该协议载明：甲方应付乙方房屋征收补偿安置款 1,522,717 元，奖励费 535,502 元，合计 2,058,219 元。陈某某根据《补充协议》、第一份《遗漏补充协议》及《补偿安置协议书》共计获得补偿款 3,779,000 元。第二份《遗漏补充协议》约定的 362,575.5 元并未支付。2017 年 5 月 3 日，株洲县政府主要以“渌口镇政府作为订立行政协议的主体不适格、涉案协议损害了公共利益”为由，向渌口镇政府、陈某某作出《关于撤销株洲县渌口镇人民政府与陈某某签订的〈房屋征收补充协议〉决定书》（以下简称《撤销决定书》）。该决定载明：1. 撤销渌口镇政府与陈某某签订的两份《遗漏补充协议》和一份《补充协议》；2. 责令株洲县住房和城乡规划建设局或受其委托组织依法重新与陈某某签订房屋征收补偿相关协议，渌口镇政府应在其职权范围内全力协作。2017 年 6 月 12 日，株洲县房产管理局向陈某某作出《关于拟责令陈某某退还超范围征收补偿款的告知书》，责令陈某某限期退还超范围征收补偿款 1,740,781 元。陈某某不服，遂起诉请求撤销株洲县政府作出的前述《撤销决定书》。2019 年 8 月 22 日，湖南省株洲市中级人民法院作出的刑事裁定书认定：在王家洲储备地项目征拆过程中，渌口镇政府工作人员收受贿赂，擅自决定为陈某某提高补偿标准，导致公共财产损失 80 万元。

裁判结果

湖南省株洲市中级人民法院一审认为，两份《遗漏补充协议》设定的补偿项目不符合客观事实，缺乏法律、法规、政策依据，存在重复、不当补偿，且损害了国家利益、社会公共利益，违反了行政法规的强制性规定，属于违法补偿。但株洲县政府作出的《撤销决定书》将两份《遗漏补充协议》及一份《补充协议》均予撤销，依据不足。遂判决：一、撤销株洲县政府作出的《撤销决定书》中第一点关于“撤销渌口镇政府于 2015 年 9 月 17 日与陈某某签订的一份《补充协议》”的部分；二、驳回陈某某其他诉讼请求。陈某某不服一审判决，提出上诉。

湖南省高级人民法院二审认为，涉诉三份协议均由渌口镇政府与陈某某所签，株洲县政府明知并同意由渌口镇政府负责征收工作，应视为对渌口镇政府的委托，由此产生的法律责任应由株洲县政府承担。株洲县政府本应依法征收，其委托渌口镇政府实施征收工作，属征收程序不规范，亦属未完全依法履职；现其又以渌口镇政府不具备订立征收补偿协议法定职权为由，主张协议无效并予撤销，有违诚信原则，亦不利于诚信政府、法治政府的建设。关于相关协议的效力问题。已有生效刑事裁定认定渌口镇政府工作人员收受贿赂，擅自决定为陈某某提高补偿标准，导致公共财产损失 80 万元。故补偿协议中涉及 80 万元金额的部分依法无效，对该 80 万元应予以追回。但涉诉《撤销决定书》对案涉三份协议均予撤销依据不足，行政机关据此又责令陈某某退还补偿款1,740,781元，同样依据不足。鉴于《撤销决定书》有“责令与陈某某重新签订征收补偿协议”的内容，具体金额可在重新订立协议时考量，故对一审的判决结果可予维持。遂判决驳回上诉，维持一审判决。

典型意义

行政协议具有行政性与协议性特征，人民法院在审理行政协议案件时，应当同时兼顾两种属性，正确理解和妥善处理政府依法行政与诚信守约之间的关系。司法实践中，确有可能出现行政机关若严格按照行政协议约定履行义务，则违反相关法律规定的情形，即形式上可能出现依法行政与诚信守约之间相互冲突的情形。造成前述冲突的根本原因在于行政协议行为不符合法律规定。行政协议的订立、履行等均不能违反法律规定，这是“公序良俗”的基本要求，也是行政协议的根本属性，行政协议的各方当事人都应当合理预见并严格遵循。因此，在行政协议不违反法律规定的前提下，人民法院应当监督行政机关依约履行义务，实现依法行政与诚信守约的有机统一。行政机关以损害公共利益为由撤销行政协议的，人民法院应当要求行政机关提供相应证据，并综合各方因素予以审查，而不宜简单地以存在损害公共利益的可能为由否定协议的效力。本案中，在已有生效刑事裁定认定相关行政机关工作人员收受贿赂，擅自决定为被征收人提高补偿标准、通过订立征收补偿协议超额支付补偿款、导致公共财产损失后，人民法院应当依法认定征收补偿协议的相关内容违法而不具有法律效力。但株洲县政府先委托渌口镇政府订立征收补偿协议，后又以订立协议主体不适格为由主张协议无效，有违诚信原则，依法不予支持。

7. 马某诉黑龙江省齐齐哈尔市龙沙区人民政府不履行房屋征收补偿协议案

基本案情

2011年，黑龙江省齐齐哈尔市龙沙区人民政府（以下简称龙沙区政府）对城中村三合地段实施征收。马某在该地段有两处有证非住宅房屋，面积分别为610平方米、352.6平方米。2011年10月，马某与齐齐哈尔市龙沙区城中村改造领导小组办公室（以下简称城中村改造办）订立了两份非住宅房屋征收补偿安置协议书，就房屋安置面积、停产停业损失、临时安置补偿费计算标准等进行了约定。2016年5月，城中村改造办未征得马某同意，就两处被征收房屋为马某预留三合家园商服一套，面积为928.84平方米。马某不同意将两户房屋合成一户，故未接收该房。后马某与城中村改造办约定将原352.6平方米房屋分成三户安置，并分别订立了三份非住宅房屋征收安置补偿协议书。将原610平方米房屋分成三户安置，并分别订立了三份非住宅房屋征收安置补偿协议书。涉案协议系其中一份补偿协议。该协议约定，从搬迁验收之日起至通知进户止，按月计发停产停业损失、临时安置费。2018年9月，齐齐哈尔市龙沙区房屋征收与补偿办公室（以下简称龙沙区征收办）下发三合村地段征收安置（期房）选房进户通知单。城中村改造办认为2016年5月已通知马某进户，停产停业损失、临时安置费应给付至2016年5月。马某不服提起行政诉讼，请求给付停产停业损失、临时安置补偿费，计算至2018年9月。

裁判结果

黑龙江省齐齐哈尔市中级人民法院一审认为，马某被征收的352.60平方米房屋系商服，双方对此无异议。双方订立的涉案协议，约定了回迁房屋面积、回迁地点、停产停业损失及临时安置补偿费，该协议不违反法律、法规规定，合法有效，城中村改造办应当依照协议约定对马某进行安置。而城中村改造办为马某提供的房屋面积928.84平方米，系城中村改造办未经马某同意将两份协议约定的房屋合为一处安置，与协议约定不符。马某于2016年5月未入住，系城中村改造办未按照约定履行协议导致。龙沙区政府向齐齐哈尔市人民政府请示，对马某原352.60平方米房屋分三户进行安置，并与马某重新订立了三份协议，对安置地点及安置户型进行变更，该变更不违反法律、法规规定，合法有效。因龙沙区征收办于2018年9月28日通知马某入户，停产停业损失及临时安置补偿费应计算至2018年9月28日。遂判决：责令龙沙区政府在判决生效之日起20日内补偿马某停产停业损失245,916元，补偿临时安置费98,366.4元，合计344,282.4元。龙沙区政府提起上诉。

黑龙江省高级人民法院二审认为，在协议履行过程中，城中村改造办将本应依约为马某安置的610平方米及352.60平方米两套房屋变更为安置一套928.84平方米房屋，该行为构成违约，马某拒绝接收。后经双方协商，重新订立非住宅房屋征收安置补偿协议书。协议中确认了停产停业损失及临时安置费的计发期间从搬迁验收之日起至通知进户时止，而本协议安置房屋通知进户日期为2018年9月。龙沙区政府应当依据法律规定及协议约定履行给付马某至2018年9月的停产停业损失及临时安置补偿费义务。遂判决驳回上诉，维持一审判决。龙沙区政府已履行生效判决确定的义务。

典型意义

行政协议订立后，未经对方同意，任何一方都不能单方变更协议。尽管行政机关可以依法行使行政优益权，但在不具备可以行使的法定情形时，行政机关不能单方变更协议内容，而应当严格按照行政协议约定全面履行义务，否则应当依法承担违约责任。行政协议的当事人协商一致变更行政协议，且不违反法律规定的，双方当事人应当按照变更后的协议予以履行。本案中，行政机关单方变更安置房屋情况，不能发生补偿协议变更的法律效果，行政机关的行为属于未按照约定履行义务的情形，对协议相对人合法权益造成损害的，应当依法承担违约责任。协议双方当事人经协商后重新订立的协议，属于对原补偿协议的变更，人民法院在认定变更协议合法有效的基础上，判令行政机关按照变更后的补偿协议履行义务，即限期给付停产停业损失、临时安置费等义务，既可以保障被征收人的补偿权益及时实现，又可以督促行政机关依法依约履行行政协议。

8. 某公司诉广西壮族自治区融安县人民政府不履行行政协议案

基本案情

2009 年 5 月 8 日，广西壮族自治区融安县人民政府（以下简称融安县政府）根据融安某香油科技有限公司（以下简称某公司）提交的要求享受优惠政策的报告，作出答复：同意出让 30 亩土地给某公司作为茶油深加工项目建设用地；通过竞拍方式获得该地后，当建设投资达 180 万元时，出让地价超过每亩 3 万元部分返还给企业，作为企业的建设资金以加快建设进程；要求投产第四年产值必须达到 2000 万元以上，年税收达到 150 万元以上，否则某公司需返还出让地价超过每亩 3 万元部分的资金和同期利息。2012 年 4 月 23 日，某公司取得国有土地使用权。某公司于 2012 年年底正式投产，当年实现销售收入 29.19 万元，上缴税费 7.97 万元。2013 年 9 月 30 日，融安县政府对某公司要求以技改扶持资金形式兑现专项补贴资金 166.84 万元的请示决定暂不兑现。2014 年 1 月 13 日，融安县价格认证中心出具某公司机械设备价格认证：某公司存放于厂内用于生产的机械设备认证价格合计为 783.7 万元。某公司于 2018 年 1 月 24 日提起行政诉讼，请求判令融安县政府履行承诺的优惠政策，即给付涉案答复中第一点允诺的资金。诉讼中，融安县政府提出抗辩，其不兑现承诺是因某公司未达到年产值 2000 万元、年税收 150 万元的要求。

裁判结果

广西壮族自治区柳州市中级人民法院一审认为，融安县政府在某公司达到原允诺的条件后，就应当履行其允诺，支付某公司扶持资金。遂判决：融安县政府支付某公司166.84万元。融安县政府不服，提出上诉。

广西壮族自治区高级人民法院二审认为，虽然某公司建设投资达到180万元的条件，但至本案诉讼时，某公司一直未达到年产值2000万元、年税收150万元的条件要求，其请求返还扶持资金的条件未成就。融安县政府作为行政协议的行政机关，按现行法律规定，其不能作为行政诉讼的原告通过行政诉讼来主张权利，但其可以采取不依约履行义务的抗辩方式来行使权利，在双方义务具备相互抵销的情况下，融安县政府无需先行兑现扶持资金。遂判决：撤销一审判决，驳回某公司的诉讼请求。

典型意义

行政协议诉讼属于行政诉讼的一种，应当遵循行政诉讼的基本原则。行政协议诉讼中，行政机关不能作为原告提起诉讼，也不能提起反诉。行政协议司法实务中，行政机关救济自身权益的路径，通常为通过行使抗辩权拒绝履行协议约定的义务，或者通过申请非诉强制执行途径促使协议相对人履行协议约定的义务。同时，行政协议具有合意性或者合同性特征，合同当事人所享有的合法权利且权利的行使不违反行政性要求的，同样可以适用于行政协议当事人，如主张抵销的权利。本案中，根据义务履行以及权利实现的先后顺序，行政机关应当先履行协议约定的支付义务，同时行政机关可以根据协议约定，要求协议相对人履行返还义务。在协议双方当事人的义务完全相同的情形下，人民法院支持了行政机关的抵销主张，避免协议相对人通过本案诉讼获得相应款项之后，行政机关另行通过申请非诉执行路径主张权益，可以有效减少当事人的诉累，高效、实质地解决行政协议争议。

9. 某石公司、某和公司诉安徽省涡阳县人民政府、安徽省蒙城县人民政府、安徽省利辛县人民政府请求订立特许经营行政协议案

基本案情

2011 年 9 月 1 日，安徽省涡阳县人民政府（以下简称涡阳县政府）通过招商方式，与北京某和晴阳投资有限公司（以下简称某和公司）订立《城市生活垃圾焚烧发电处理特许经营协议》。后因该协议违反市政公用事业特许经营项目应当公开招标的法律强制性规定，经纪检监察部门查处，该协议终止。2012 年 12 月，受安徽省蒙城县人民政府、安徽省利辛县人民政府委托，涡阳县政府对三县垃圾焚烧发电 BOT 项目进行联合招标，招标文件规定“中标人需支付某和公司 12,113.55 万元”，该笔款项系涡阳县政府与某和公司终止上述协议产生的费用。因该笔费用较大，导致其他投标人弃标，又因竞标人没有达到三家，案涉招标转入单一来源采购，山西某石正和实业有限公司（以下简称某石公司）与某和公司组成的联合体中标。2013 年 10 月 8 日，国信招标公司向联合体发出签约通知书。在合同订立过程中，双方就合同部分内容的变更发生分歧，互相指责系对方原因导致迟迟不能签约。2017 年 7 月 5 日，涡阳县政府作出关于项目终止的函。某石公司、某和公司遂起诉，请求判令三县政府继续与两公司订立行政协议，三县政府赔偿违约金 6,705 万元及前期费用 12,113.55 万元、退还保证金 100 万元并承担利息损失。

裁判结果

安徽省亳州市中级人民法院一审认为，两公司要求支付某和公司前期费用 12,113.55 万元，不属于本案审理范围，可另案解决。因合同未成立，且双方并未就违约金进行约定，两公司要求支付违约金 6705 万元，不予支持。两公司所缴纳的 100 万元保证金应予退还。遂判决：涡阳县政府返还

某和公司所缴纳的保证金 100 万元，驳回两公司的其他诉讼请求。双方当事人均不服，提起上诉。

安徽省高级人民法院二审认为，案涉垃圾焚烧发电 BOT 招标行为，违反政府采购法应公开招标的规定，废标后没有报请相关部门批准重新招标；设置中标人承担“投入前期费用 12,113.55 万元”这一明显不合理条件排斥潜在投标人；违反法律强制性规定采取单一来源采购等，属于《行政诉讼法》第七十五条规定的“重大且明显违法情形”，该招标行为无效。某石公司、某和公司请求法院判令涡阳、蒙城、利辛三县政府继续订立协议的诉讼请求不能成立。合同无效或者被撤销后，因该合同取得的财产，应当予以返还。由于案涉招标属于严重违法的无效招标，本案不适用违约责任。故某石公司、某和公司要求招标人支付违约金 6705 万元的请求不能成立。但涡阳县政府应当退还保证金，并依法支付投标保证金的银行同期存款利息。某和公司因招商与涡阳县政府订立的《城市生活垃圾焚烧发电处理特许经营协议》，违反法律强制性规定，经有关部门查处已经终止，其所产生的前期费用，不属于本案可以一并审理的范围，可循法律规定的途径解决。据此改判：涡阳县政府返还某和公司交纳的投标保证金 100 万元及相应的利息，驳回两公司的其他诉讼请求。

典型意义

当事人就某一行政协议行为提起诉讼，但诉讼请求同时涉及其他行政协议行为的，人民法院应当依法予以释明并区分处理，即对于与被诉行政协议行为相关联的诉讼请求直接进行处理，与之没有直接关联的诉讼请求，告知其另寻法定救济路径。行政协议的订立、履行需要经过法定程序的如招投标程序，人民法院应当对是否经过或者符合法定程序进行审查，进而对行政协议的效力作出判断。对于依法应当订立行政协议的情形，协议相对人可以请求人民法院判令依法订立行政协议。行政协议未成立或者无效的，当事人提出追究对方违约责任的诉讼请求，人民法院依法不予支持。本案所涉的 BOT 项目，需经过法定的招投标程序，且先后出现两类行政协议行为，其对应的法律关系及法律后果并不相同。第一个行政协议系未经法定招标程序而通过招商订立协议的情形，依法属于无效行政协议。第二个行政协议虽通过招标形式，但违反了招投标的法定要求，招投标程序属于无效情形，招、投标当事人之间依法不能订立行政协议。人民法院经审查后区分处理，未支持协议相对人要求订立行政协议的诉讼请求，并按照缔约过失情形确认协议当事人之间的责任，理顺了当事人之间的法律关系，有助于行政协议争议的妥善解决。

10. 淮安某公司诉江苏涟水经济开发区管理委员会、江苏省涟水县人民政府继续履行投资协议案

基本案情

2009 年 7 月 7 日，高邮市某物流有限公司通过招商引资进入江苏涟水经济开发区投资，江苏涟水经济开发区管理委员会（以下简称涟水开发区管委会，甲方）与高邮市某物流有限公司（乙方）订立《项目合同书》，该合同书主要约定：1. 乙方在涟水注册成立淮安市某物流市场有限公司（以下简称淮安某公司）。经工商部门登记取得法人资格后，合同涉及乙方权利义务，由淮安某公司承担，从事物流货物运输等综合配套产业的经营；2. 用地性质为物流仓储用地，甲方按期交付土地，达到“四通一平”的要求；3. 涟水开发区五年内不重复引进、建设同类型物流（园）中心。2009 年 7 月 20 日，双方再次订立《补充协议》并约定：1. 由江苏省涟水县人民政府（以下简称涟水县政府）与淮安某公司签订兑现有关优惠政策的承诺书，根据乙方需要，负责产权分户分割等各种手续办理；2. 乙方企业自用码头，甲方应给予办理码头使用许可证；3. 涟水县政府拿出土地净出让金补贴乙方基础设施建设。2009 年 8 月 20 日，涟水县政府签发《承诺书》，就《项目合同书》、《补充协议》中的优惠政策承诺落实，其中包括按要求办理产权分户分割手续。2015 年 10 月 23 日，淮安某公司以涟水

开发区管委会、涟水县政府未完全履行涉案协议为由，提起行政诉讼，请求判令：1. 涟水开发区管委会继续履行《项目合同书》；2. 涟水县政府为淮安某公司办理权属分户分割手续；3. 赔偿综合楼停建损失500万元。

裁判结果

江苏省淮安市中级人民法院一审认为，涉案《项目合同书》《补充协议》就投资事项进行了约定，该协议总体上并不违法，但其中要求办理土地分割手续、返还土地出让金、禁止同类物流园建设以及办理码头许可证等约定和承诺超越涟水开发区管委会、涟水县政府职权，违反了法律法规的强制性规定，依法应属无效条款。涟水开发区管委会负责“四通一平”的约定不违反法律规定，依法应为有效条款，双方均应严格遵守。淮安某公司为实现“四通一平”中电通和路通而付出的费用，依法应由涟水开发区管委会承担。遂判决：涟水开发区管委会赔偿淮安某公司为实现电通、路通支出的费用246,460元，并驳回淮安某公司其他诉讼请求。淮安某公司不服，提起上诉，江苏省高级人民法院判决驳回上诉，维持一审判决。

典型意义

行政协议的效力审查是审理行政协议案件的基础，人民法院首先要对行政协议的效力作出判断，具体包含合法性和合约性两个方面。人民法院应当优先适用行政诉讼法及相关司法解释的规定，对行政机关是否具有法定职权、约定的内容是否违反法律法规的强制性规定等进行审查，同时可以参照适用民事法律规范关于民事合同的相关规定，从合约角度审查行政协议是否存在无效的法定情形。行政协议的部分条款违反法律法规强制性规定，不影响其他部分条款效力或者行政协议整体效力的，人民法院可以仅认定部分条款无效。本案中，涉案《项目合同书》《补充协议》中相关条款的约定和承诺超越行政机关的职权，违反了法律法规强制性规定，相关条款应属无效，人民法院对有效条款和无效条款的法律后果分别处理，未全盘否定涉案投资协议的效力，可以充分保护协议相对人的信赖利益，对进一步规范行政机关招商引资行为及优化法治化营商环境，具有重要的现实意义。

最高人民法院行政协议典型案例（第二批）[1]

（2022 年 4 月 20 日）

1. 赵某某诉山东省济南市历城区人民政府不履行拆迁安置补偿协议案

基本案情

山东省济南市历城区人民政府（以下简称历城区政府）成立雪山片区指挥部，负责雪山片区四村整合安置房项目。2015 年 10 月，雪山片区指挥部与赵某某订立了拆迁安置补偿协议，载明赵某某家庭共有两口人，合计选房面积为 94 平方米。协议订立后，赵某某将其涉案房屋交付拆除。2017 年 7 月，雪山片区指挥部通知赵某某更改协议。历城区政府认为，赵某某在订立协议时隐瞒了在济钢周边片区村庄整合中已经享受过拆迁安置房的事实，该安置房具有福利分房的性质，依据《雪山片区拆迁安置办法》第九条关于“被拆迁人已享受过福利分房不再给予安置”的规定，本次安置属于重复安置，决定对赵某某家庭不再依约进行房屋安置。赵某某则主张，其从未享受过福利分房待遇，在其他区域的拆迁安置房并非福利分房的范畴。赵某某对历城区政府不履行拆迁安置补偿协议的行为不服，提起行政诉讼，请求确认拆迁安置补偿协议有效，并判令历城区政府继续履行拆迁安置补偿协议，向其交付 94 平方米的安置房。

裁判结果

山东省济南市中级人民法院一审认为，历城区政府并未提供证据证明

[1] 《最高人民法院发布第二批行政协议诉讼典型案例》，载最高人民法院官网，https://www.court.gov.cn/zixun-xiangqing-355511.html。

雪山片区指挥部与赵某某订立的拆迁安置补偿协议具有合法依据，故双方订立协议的行为应当确认无效。一审法院遂判决确认历城区政府与赵某某订立拆迁安置补偿协议的行为无效并驳回赵某某的诉讼请求。赵某某不服，提起上诉。

山东省高级人民法院二审认为，历城区政府在订立拆迁安置补偿协议时，对赵某某家庭的基本情况和安置资格进行了相应审查，在签完协议并将涉案房屋拆除后，又以赵某某存在欺骗行为、不符合当地拆迁政策为由要求变更协议，但其对赵某某在其他区域的拆迁安置房是否可以归为福利分房，既未提供充分的证据或依据，亦未作出合理合法的解释说明。因此，历城区政府在履行协议时将涉案拆迁安置房视为福利分房并以重复安置为由不履行协议，理据不足。因行政协议一经订立，具有公信力和既定力，在历城区政府无证据证明拆迁安置补偿协议存在重大且明显违法抑或依据合同法律规范应当认定为无效或可撤销的情形，应当认定协议合法有效，历城区政府应当按照协议约定全面履行义务。二审法院遂判决撤销一审判决并责令历城区政府继续履行拆迁安置补偿协议。

典型意义

诚实守信是依法行政的基本要求，是社会主义核心价值观的重要内容。行政机关在订立、履行、变更行政协议时，既要遵循行政法律规范，又要遵循平等自愿、诚实信用、依约履责等一般原则。人民法院不能简单参照传统行政诉讼的举证规则，以行政机关未提供证据证明行政协议合法性为由否定行政协议的效力。对行政协议是否应当履行发生争议的，负有履行义务的行政机关应当对其不履行义务承担举证责任。行政机关对不履行行政协议的事由，在协议订立时没有作出明确界定或约定，在协议订立后又不能作出合法有据的解释，不能证明履行协议可能出现严重损害国家利益或者社会公共利益的，人民法院应当结合案件情况和客观实际等因素作出对协议相对人有利的解释。本案中，拆迁安置补偿协议的订立是双方当事人协商一致的体现，历城区政府在订立协议并拆除房屋后，依据拆迁政策对履行义务进行不当解释，不依约履行协议，对协议相对人的合法权益造成损害。人民法院在历城区政府未能提供有效证据或法律依据证明行政协议存在无效或可撤销等情形下，认定涉案协议合法有效并判令继续履行，切实保障了人民群众的合法权益，同时彰显了行政审判在督促行政机关守信践诺和依法行政中的职能作用。

2. 王某某、陈某某诉浙江省杭州市余杭区良渚街道办事处变更拆迁补偿安置协议案

基本案情

浙江省杭州市余杭区人民政府良渚街道办事处（以下简称良渚街道办）（甲方）与王某某户（乙方）订立《集体所有土地、房屋征迁补偿安置协议书》（以下简称《安置协议》），其中第六条第一项约定：经初步审核乙方安置人口 6 人（未包括王某某的女婿陈某某），该户可享受安置建筑面积 480 平方米。《安置协议》订立后，王某某户领取《安置协议》项下的拆迁补偿款并腾房。陈某某系现役军人，现户籍在部队驻地（杭州市拱墅区），陈某某与王某某之女于 2006 年 11 月 7 日登记结婚，并生育两个子女。涉案房屋补偿安置协商过程中，王某某户多次要求将陈某某作为安置人口，均遭良渚街道办拒绝。陈某某、王某某遂诉至法院，请求将《安置协议》中确定的安置人口 6 人变更为 7 人，增加安置面积 80 平方米。

裁判结果

浙江省杭州市余杭区人民法院一审认为，良渚街道办与王某某户经协商订立协议对安置事项作出约定，系双方的真实意思表示，该协议合法有效，对双方均具有约束力。陈某某非王某某户内人员，且其户籍不在辖区范围内，自然也非属该集体所有土地上房屋拆迁安置对象。一审法院遂判决驳回陈某某、王某某的诉讼请求。陈某某不服，提起上诉。

浙江省杭州市中级人民法院二审认为，案涉房屋因所占集体土地被征

收而需要补偿安置，应当适用《杭州市征收集体所有土地房屋补偿条例》（以下简称《杭州集补条例》）的相关规定。《杭州集补条例》第二十条第二款规定："被补偿人家庭成员在本市市区虽无常住户口，但属下列情形之一的人员，可以计入安置人口：（一）结婚三年以上的配偶；……"陈某某在杭州市余杭区虽无常住户口，但其属于王某某户内被补偿人员结婚三年以上的配偶，根据《杭州集补条例》上述规定，可以计入安置人口。良渚街道办与王某某户订立协议时，拒绝将陈某某列入安置人口，不符合上述规定，也造成显失公平的后果，依法应予纠正。二审法院遂判决撤销一审判决，将《安置协议》第六条第一项中确定的安置人口 6 人变更为 7 人，安置面积 480 平方米相应变更为 560 平方米。

典型意义

协议系当事人之间合意的成果，其所约定的内容应当符合双方当事人的意思表示，任何一方当事人原则上不能迫使另一方当事人违背意愿接受其意思表示。行政协议具有合意性特征，同样应当遵循前述法律精神，严格限制协议变更的适用，对于协议当事人之间达成的合意，应当予以尊重而不能随意变更。但与民事合同区别的是，行政协议的行政性优先于协议性、合法性优先于合约性，行政协议应当优先适用合法性原则。当行政协议的合约性与合法性相冲突，即约定的内容不符合法律规定时，人民法院对该内容的效力应当不予认可。若行政协议所依据的法律规定已作出具体明确要求，协议当事人均应遵守而没有协商空间，协议当事人请求按照法律规定予以变更的，人民法院可以依法支持。本案中，《安置协议》不符合其订立时应当遵循的《杭州集补条例》，遗漏了 1 名安置人员的补偿待遇，二审法院根据协议相对人的请求，判决按照法定标准变更《安置协议》，可以高效、充分地保障协议相对人的合法权益。

3. 王某诉安徽省怀宁县国土资源局土地管理行政出让案

基本案情

安徽省怀宁县国土资源局（以下简称怀宁国土局）发布拍卖公告拍卖涉案地块的国有土地使用权，王某竞拍成功并与怀宁国土局订立成交确定书。王某向怀宁国土局交付土地出让金，向拍卖公司支付了拍卖费用，怀宁国土局也将涉案地块的实际控制权交给王某作建设准备。为开发经营该地块，王某成立了项目公司着手建设大厦，完成了大厦的勘探设计和施工设计，并支付设计、建设前期有关费用。王某要求订立出让合同和申请办理土地使用权证时，却被告知该地块设计规划指标不全，没有确定涉案地块的容积率，不能订立土地出让合同，也不能办理建设相关的批准手续。王某多次请求怀宁国土局和安徽省怀宁县人民政府解决问题，但一直没有得到解决。之后，安庆市重点工程山口—晴岚 220KV 输变电工程高压走廊压覆涉案地块，且 G206 国道拓宽需征收涉案地块，致使王某竞拍该地块的目的无法实现。王某要求落实新的解决方案，但一直未能落实，遂起诉要求确认怀宁国土局行政行为违法并赔偿损失。

裁判结果

安徽省潜山市人民法院一审认为，怀宁国土局将未确定土地容积率这一重要规划条件的涉案地块进行出让拍卖，其行为违反《中华人民共和国城乡规划法》第三十八条规定。王某基于对政府部门公信力的信任，交纳土地出让金，履行了自己的合同义务，并无过错。怀宁国土局明知涉案地块未规划土地容积率，无法订立土地出让合同、无法办理土地使用权证、无法通过建设审批，仍与王某订立拍卖成交确认书，收取王某交纳的土地出让金，并将涉案地块交由王某作开发准备，且至今仍未为王某完成规划条件的审批，使王某的开发目的一直不能实现。一审法院遂判决确认怀宁国土局拍卖涉案地块行为违法并赔偿王某损失。王某与怀宁国土局不服判决，提起上诉。二审法院判决确认拍卖涉案地块行为违法，并适当提高一审判决确定的损失赔偿金数额。

典型意义

与民事合同不同，行政协议的订立程序可能因法律规定作出明确要求而存在多个环节，行政机关在订立此类行政协议前通常需要作出相应的行政行为。正确处理前置行政行为与行政协议订立之间的关系，尤其是前置行政行为的合法性直接影响行政协议能否订立的，对协议当事人的合法权益救济具有直接影响。本案中，涉案协议的订立，依法需要经过招标、拍卖、确认等前置程序，在所有前置行为已经完成、应当订立行政协议之时，行政机关以前置行政行为违反法律规定为由拒绝订立。针对行政机关的前述主张，协议相对人可以区分不同情形确定其诉讼请求：一是前置行政行为合法或者存在瑕疵但不影响行政协议订立的，协议相对人可以请求判令行政机关依法订立行政协议。基于行政协议的合法性特征，法律规定订立行政协议属于行政机关的法定职责的，行政机关依法不能拒绝订立。协议相对人请求依法订立行政协议的，人民法院应当予以支持。协议相对人可以依法请求订立行政协议，系行政协议与普通民事合同之间的区别之一，可以更直接、更全面地保障协议相对人的合法权益。二是前置行政行为不具有合法性且由此依法不能订立行政协议的，协议相对人可以请求判决确认前置行政行为违法并赔偿其损失。协议相对人基于对前置行政行为的信赖而遭受的损失，可以依法向行政机关主张行政赔偿。本案中，涉案土地因不具备法定条件而依法不能对外出让，且因涉案土地的规划后续发生调整，行政机关无法采取补救措施使涉案土地达到可以对外出让的法定条件，因而涉案土地出让协议依法不能订立。协议相对人请求订立土地出让协议的，人民法院依法不能支持。但因行政机关实施了土地拍卖、成交确认等行为，协议相对人亦缴纳了土地出让金并为开发土地进行投入，即协议相对人因涉案土地出让协议不能订立而遭受了相应损失，其请求确认前置的拍卖土地行为违法并赔偿损失的，人民法院应当依法支持。

4. 凤冈县某工贸有限责任公司诉贵州省凤冈县人民政府请求撤销补偿安置协议案

基本案情

2001年3月7日，凤冈县某工贸有限责任公司（以下简称某工贸公司）取得案涉土地国有土地使用证，修建厂房从事水泥电线杆的生产，后因经营不善停产。2006年10月，某工贸公司与周某某订立《协议书》，约定某工贸公司将电杆厂空地租给周某某使用，租金按月计退补。同时约定某工贸公司需用厂房时，应提前一旬告知周某某。2013年12月，某工贸公司与周某某再次订立《协议书》，约定租赁范围及租金。2014年9月，因某工贸公司土地上房屋涉及征收，贵州省凤冈县人民政府（以下简称凤冈县政府）与周某某订立《凤冈县城市棚户区改造项目房屋征收与补偿安置协议书》（以下简称《安置协议》），并将相应补偿款支付给周某某。某工贸公司认为《安置协议》中的房屋及构筑物等属其所有，凤冈县政府与周某某订立《安置协议》并支付补偿款的行为侵犯了其财产权，遂提起诉讼，请求撤销《安置协议》。

裁判结果

贵州省遵义市中级人民法院一审认为，凤冈县政府仅依据案涉租赁协议及对周某某的调查笔录即认定案涉房屋及构筑物等属周某某所有，并在未通知某工贸公司参与，亦未听取其陈述意见的情况下，与周某某订立《安置协议》可能对某工贸公司的合法权益造成损害。一审法院遂判决撤销《安置协议》。周某某不服，提起上诉。

贵州省高级人民法院二审认为，某工贸公司认为《安置协议》所涉房屋及构筑物等属其所有，凤冈县政府就案涉房屋及构筑物等与周某某订立《安置协议》并向其支付补偿费侵犯其合法权益，其有权提起本案诉讼。房屋征收部门对征收范围内房屋的权属应当进行调查登记，调查登记时，应当依照法定程序要求被征收人提供相应证据。本案中，周某某及某工贸公司对案涉房屋及构筑物等的归属各执一词，在案涉房屋及构筑物等的权属存在异议，且无合法有效证据证明属周某某所有的情况下，凤冈县政府直接与周某某订立《安置协议》缺乏事实根据。此外，依据程序正当原则，凤冈县政府在明知周某某系承租人、某工贸公司系出租人的情况下，订立《安置协议》前应当就案涉房屋及构筑物等的归属充分听取周某某及某工贸公司的意见，必要时可引导租赁双方就案涉房屋及构筑物等的权属进行明确后再予补偿安置。凤冈县政府在未通知某工贸公司参与并听取其意见的情况下，直接与周某某订立《安置协议》，亦违反正当程序。二审法院遂判决驳回上诉，维持一审判决。

典型意义

基于合同的合意性，合同原则上仅对订立合同的当事人具有效力，当事人之外的其他主体通常不能就合同主张权利，通常称之为合同相对性原则。但在法律有明确规定的情形下，亦可以突破合同相对性原则。行政协议的合意性特征，决定其同样应当遵循相对性原则。但行政协议同时具有行政性特征，具有公定力、确定力等，在未依法否定其效力之前，受其影响的主体应当予以尊重及执行。当订立行政协议属于行政机关履行法定职责的法定形式时，行政机关则可以其已订立行政协议作为其已经履行相应法定职责的正当抗辩事由。因此，传统行政行为的利害关系人制度，原则上也可以适用于行政协议诉讼。相比于民事合同，行政协议突破合同相对性原则的法定情形相对更多。本案中，若某工贸公司不理会《安置协议》的存在，而是提供证据证明其具有法定的补偿权益，进而主张行政机关应当与其订立补偿安置协议抑或履行补偿安置职责的，行政机关则可以其已与法定的被征收人订立补偿安置协议或者已经履行补偿安置职责为由予以拒绝。某工贸公司对此不服提起行政诉讼，在《安置协议》效力被否定之前，人民法院通常认定行政机关的主张成立，对诉讼请求不予支持。因此，某工贸公司需要主动就《安置协议》提起行政诉讼，否定其效力以救济自身的合法权益。《最高人民法院关于审理行政协议案件若干问题的规定》（以下简称《行政协议司法解释》）第五条第二项规定，即明确肯定了被征收征用土地、房屋等不动产的用益物权人、公房承租人的原告主体资格。行政机关通过订立行政协议方式履行法定职责的，应当严格遵循合法性要求，查明其对协议相对人是否具有相应的法定职责等事实，并依法约定双方当事人之间的权利义务。行政机关在未查明有关事实情形下订立行政协议，由此对协议相对人之外的其他主体合法权益造成损害，利害关系人请求撤销或部分撤销行政协议的，人民法院应当依法支持。这样，既可以一揽子解决行政协议争议，减少当事人的诉讼成本，又可以避免重复支付，防止国有资产不当流失。

5. 某国际有限公司、湖北某高速公路有限公司诉湖北省荆州市人民政府、湖北省人民政府解除特许权协议及行政复议案

基本案情

2008 年 4 月，湖北省荆州市人民政府（以下简称荆州市政府）、湖北省荆州市交通运输局（以下简称荆州市交通局）作为甲方与乙方某国际有限公司（以下简称某国际公司）订立了《武汉至监利高速公路洪湖至监利段项目投资协议》约定，甲方同意按照 BOT（Build - Operate - Transfer 建设—经营—转让）方式（以下简称 BOT）授予乙方武汉至监利高速公路洪湖至监利段项目投资经营权。乙方接受授权，愿意按照政府部门批复的建设内容、方案、基数标准、投资估算完成该项目工程的前期工作、投资建设、运营和特许期满后的移交工作。特许期 30 年，自工程建设完成，通过验收投入试运营之日起计算。2008 年 6 月，某国际公司依法组建了以其为独资股东的湖北某高速公路有限公司（以下简称某高速公司），随后荆州市交通局（甲方）与某高速公司（乙方）订立了《特许权协议》，对特许

期、双方的权利义务、单方解除权等事项进行了详细约定。涉案项目自2013年下半年正式动工建设，因某高速公司与其委托施工单位发生纠纷，涉案项目自2015年7月始停滞。2015年11月，荆州市交通局向某高速公司下达了《违约整改通知书》，要求某高速公司迅速组织项目资金到位，在60日内组织施工单位全面复工，否则将考虑是否解除特许权协议。此后，荆州市政府、荆州市交通局多次要求某国际公司组织资金复工，某国际公司收到通知后进行了相应回复，但并未实质恢复项目正常建设。2016年11月，荆州市交通局根据《特许权协议》第七十七条的约定作出《终止（解除）协议意向通知》，通知某高速公司在三十天内就采取措施避免单方面解除《特许权协议》进行协商。嗣后，某高速公司未与荆州市交通局达成一致意见。2017年7月，荆州市交通局依某国际公司、某高速公司申请就拟终止（解除）《特许权协议》举行听证之后作出了《终止（解除）特许权协议通知》（以下简称《通知》）并送达。某国际公司、某高速公司不服《通知》向湖北省人民政府（以下简称湖北省政府）提起了行政复议，湖北省政府复议予以维持。某国际公司、某高速公司不服诉至法院，请求撤销荆州市政府作出的《通知》和湖北省政府作出的维持复议决定。

裁判结果

湖北省武汉市中级人民法院一审认为，涉案协议系荆州市政府为加快湖北省高速公路建设，改善公路网布局，以BOT的方式授予某国际公司洪湖至监利段项目投资经营权，属于以行政协议的方式行使行政权力的行为。在行政协议的订立、履行过程中，不仅行政机关应当恪守法定权限，不违背法律、法规的强制性规定，履行协议约定的各项义务，作为行政协议的相对方的某国际公司亦应严格遵守法定和约定的义务，否则行政机关有权依照法律规定以及协议的约定，行使解除协议的权利。本案中，某高速公司因与其委托施工方发生争议，涉案项目自2015年7月始未正常推进，致使协议目的不能实现，《特许权协议》约定的荆州市政府行使单方解除权的条件成就，荆州市政府作出《通知》符合法律规定，亦符合《特许权协议》的约定。此外，为妥善处理争议，荆州市政府不仅按照约定给予了协谈整改期，且在拟作出解除协议之前给予某高速公司充分的陈述、申辩权并如期举行了听证，作出被诉《通知》行为事实清楚，证据充分，程序妥当。一审法院遂驳回了某国际公司、某高速公司的诉讼请求，但考虑到某国际公司、某高速公司在涉案项目前期建设中，已进行了大额投资和建设，建议荆州市政府在协议终止后，妥善处理好后续审计、补偿事宜。某国际公司、某高速公司不服，提起上诉。湖北省高级人民法院二审判决驳回上诉，维持一审判决。

典型意义

政府通过BOT协议引进社会资本参与高速公路建设，是新时代中国特色社会主义市场经济不断发展的必然产物，也是发挥政府职能，充分释放社会资本潜力，更好地实现行政管理和公共服务目标的有效方式。因此，BOT协议的性质通常为行政协议，由此引发的相关争议，依法应由行政诉讼予以受理。另外，本案中湖北省政府作出维持复议决定，表明复议机关亦可以依法受理行政协议争议。协议相对人存在根本违约行为，导致协议目的不能实现时，行政机关可以单方行使法定解除权。因行政机关不能以原告身份提起行政协议之诉，行政机关通常以单方通知或决定的方式，依法送达给协议相对人以解除行政协议，送达之日即为行政协议解除之时。行政机关单方解除行政协议的，应当在解除决定中就协议解除后的法律后果一并予以明确，尤其是协议相对人依法应当履行相应义务或承担相应责任的。关于行政协议解除的法律效力，可以参照适用有关民事合同法律规范。本案中，尽管协议相对人因自身原因导致行政协议被解除，依法应当承担违约责任，但其在前期建设中进行了大额投资和建设，因而整体上仍存在利益需要返还的可能，人民法院据此建议行政机关妥善处理好后续审计、补偿事宜，有助于行政争议的妥善化解，也有利于保障社会资本方参与公私合作的积极性和安全感。

6. 某停车管理有限责任公司诉北京市门头沟区城市管理委员会行政协议解除通知案

基本案情

2013年4月7日，北京市门头沟区人民政府常务会议纪要中指出："原则同意区市政市容委制定的《委托专业停车经营企业管理路侧停车工作方案》……会议要求区市政市容委要与专业停车经营企业订立委托协议，明确委托管理内容及双方权责。"同年4月19日，原北京市门头沟区市政市容管理委员会（以下简称原区市政市容委）与某停车管理有限责任公司（以下简称某停车公司）订立《门头沟区机动车停车委托管理协议》（以下简称委托管理协议）。协议约定："区市政市容委提供门头沟新城路侧占道、公共场地停车场，在市政规划红线内具有政府管理属性的场地，委托给某停车公司进行管理。涉及具有施划停车位条件的新城范围内的主要大街，共有机动车停车位3200余个……门头沟区机动车停车委托管理期限为10年，即2013年6月1日至2023年6月1日。"2017年4月27日，北京市人民政府办公厅印发《北京市路侧停车管理改革方案》（以下简称京政办字〔2017〕20号文），其中规定："改革路侧停车管理模式。取消路侧停车管理特许经营，由各区政府采取购买服务方式，通过招标委托1至2家有规模、有实力、规范经营的专业化停车管理企业，负责本行政区域内路侧停车管理工作。"同年7月25日，北京市缓解交通拥堵工作推进小组印发《北京市路侧停车管理改革工作实施方案》和《北京市路侧停车电子收费系统建设三年工作计划》（以下简称京缓堵函〔2017〕3号文），其中规定："按照路侧停车管理改革方案要求，由各区采取政府购买服务的方式，通过招投标选取1—2家企业，负责本行政区域内路侧停车管理工作，并于2019年1月1日起，路侧停车收费开始全面实行收支两条线管理。"2017年8月17日，原区市政市容委向某停车公司作出《通知》（以下简称被诉通知)，主要内容为：委托管理协议已经无法继续实际履行，因此现通知贵公司委托管理协议于本通知送达之日解除，请贵公司于2017年8月31日之前腾退委托管理的场地，并于2017年8月31日之前到原区市政市容委办理解除协议事项的各项手续。某停车公司不服诉至法院，请求：1. 撤销原区市政市容委作出的被诉通知；2. 对《关于政府购买路侧停车管理服务的指导意见（试行)》（以下简称京缓堵办函〔2017〕27号文)、京缓堵函〔2017〕3号文的合法性进行审查。

裁判结果

北京市门头沟区人民法院一审认为，京缓堵办函〔2017〕27号文在被诉通知作出时尚未发布，不属于规范性文件的审查范围，法院不予审查。京缓堵函〔2017〕3号文属于附带审查的规范性文件范畴，该文中关于路侧停车管理改革的规定，既符合法律、法规和规章中有关城市道路管理工作应当符合道路交通安全畅通的要求，也能够确保路侧停车的规范化管理，有效改善出行环境尤其是最大限度满足群众对停车位的需求，该文作出具有上位法依据且与上位法不存在冲突，故对其合法性予以确认。委托管理协议以原区市政市容委享有的停车管理职责为前提，以实施行政管理目标为目的，以社会公共事务管理为内容，属于典型的行政协议中的政府特许经营协议。行政机关系基于政策的重大调整，出于公共利益的考虑解除政府特许经营协议。一审法院遂判决驳回某停车公司的诉讼请求。某停车公司不服，提起上诉。北京市第一中级人民法院二审判决驳回上诉，维持一审判决。

典型意义

行政机关在不具备法定解除条件下，享有可以依法单方解除或变更协议的权力，即通常称之为行政优益权，属于行政协议与民事合同形式上的重大区别之一。但实质上，二者所遵循的法律精神并无不同。民事合同因不具有行政性特征，通常不会出现订立时合法有效、继续履行将损害社会公共利益的情形。即使因重大情势变更而出现此类情形，民事合同的当事人也应主动停止履行。否则，国家的相关代表主体应当依法阻止合同按照原先约定继续履行。就行政协议而言，作为订立行政协议一方当事人的行政机关，应当承担起主动变更或解除行政协议的法定职责，对外则表现为行政优益权的行使。因此，行政优益权兼具权力与职责双重属性。相比而言，基于情势变更而导致合同或协议变更或者解除之后的法律后果，属于行政协议与民事合同之间的实质区别。民事合同通常不存在一方当事人补偿另一方当事人，但行政协议则要求行政机关依法对协议相对人予以补偿，可以更好地保障协议相对人的合法权益，《行政协议司法解释》第十六条规定亦对此予以明确。因行政优益权的行使将直接侵犯行政协议的合意性，必须严格限定于法定情形、遵循法定要求。行政协议在订立时并不会损害国家利益或公共利益，否则属于无效协议。但在行政协议履行过程中，相关情势发生变更，致使行政协议继续履行又将可能严重损害国家利益或社会公共利益，而协议当事人依法又不能改变或否定该情势。在此情形下，行政机关应当首先考虑对行政协议内容予以变更，尽可能地维持行政协议的法律效力，仅在变更无法实现目的情形下选择解除行政协议。本案中，涉案行政协议在履行过程中，当地路侧停车管理公共政策依法改革，对路侧停车管理体制、管理模式、收费方式等方面进行完善，有利于规范路侧停车管理行为，保障城市道路安全有序，改善停车难问题，但涉案行政协议继续履行将损害公共政策的执行，且变更行政协议内容也无法使之符合公共政策，行政机关据此单方解除行政协议，符合法律规定。另外，行政协议的行政性特征，决定行政机关可能依据相关规范性文件订立、履行行政协议，若协议相对人在提起行政协议诉讼时请求附带审查所依据的规范性文件，人民法院应当依法进行审查。

7. 中山市某房地产发展有限公司诉广东省中山市自然资源局要求解除行政协议案

基本案情

2015 年 9 月 30 日，原广东省中山市国土资源局（以下简称原中山市国土局）认定中山市某房地产发展有限公司（以下简称某房地产公司）使用的涉案土地为闲置地，但系政府方原因造成闲置。2016 年 7 月 19 日，原中山市国土局与某房地产公司订立一份《国有土地使用权出让合同补充协议》（以下简称《补充协议》），约定涉案土地的动工开发日期为 2015 年 9 月 30 日，竣工期限为 2 年，还约定了动工开发的标准等其他内容。某房地产公司认为《补充协议》约定的动工开发日期早于合同订立日期，以及原中山市国土局存在违约、导致合同目的不能实现等行为，遂提起诉讼，请求判令解除《补充协议》。另，中山市闲置土地处置工作领导小组办公室（以下简称中山市闲置办）已同意涉案土地 2016 年 9 月 30 日前可以办理规划报建、施工许可手续，但是原中山市国土局没有及时告知某房地产公司。某房地产公司曾就涉案土地上的两期商业住宅工程申请办理建设工程规划许可，规划管理部门仍先后两次作出不予行政许可通知，理由为“项目情况与市总规不符”。

裁判结果

广东省中山市第一人民法院一审认为，《补充协议》于 2016 年 7 月 19 日订立，却约定动工开发日期为 2015 年 9 月 30 日、竣工期限为两年（即 2017 年 9 月 30 日），且同时约定工程建设进度等限制条件，即某房地产公司实际上须于协议订立后的两个多月内在面积达 100,754.2 平方米的涉案土地上完成办理规划和施工许可、基坑开挖、打入所有基础桩、地基施工完成三分之一等系列工作，且须于 2017 年 9 月 30 日前竣工，显然有悖常理。同时，原中山市国土局在中山市闲置办已同意对涉案土地在 2016 年 9

月30日前可以申请办理规划报建、施工许可的情况下，没有及时告知某房地产公司该情况，致使某房地产公司随后未能获得规划部门的规划建设许可、无法及时按照《补充协议》的约定履行土地出让合同约定的开发建设义务，导致合同目的实际不能实现，《补充协议》已符合法律规定的解除条件。但解除《补充协议》将不利于土地管理部门对闲置土地行使管理、监督的职权，也不利于国有土地的合理配置和利用，从而有损国家利益、社会公共利益和他人的合法利益。一审法院遂判决驳回某房地产公司的诉讼请求。某房地产公司不服，提起上诉。

广东省中山市中级人民法院二审认为，一审法院认定《补充协议》已实际满足法定解除条件，事实依据充分，定性准确。就解除《补充协议》是否会损害国家利益、社会公共利益和他人合法利益的问题，《补充协议》订立的目的是为了结束涉案土地的闲置状态，尽快开发利用涉案土地，涉及的是土地高效、合规合理利用的土地管理国家利益和社会公共利益，但已因原中山市国土局的过错明显无法实现，让双方继续囿于一份合同目的已无法实现的协议关系中，已不符合国家利益和社会公共利益。相反，确认涉案《补充协议》的解除效力，使协议当事人重归解决涉案土地闲置问题的原点，避免土地资源的继续闲置浪费，才更符合土地管理的国家利益、社会公共利益。二审法院遂判决撤销一审判决，确认涉案《补充协议》自2019年4月29日（即一审法院向原中山市国土局送达本案诉状及应诉通知书之日）起解除。

典型意义

因行政协议具有协议性特征，协议相对人与民事合同当事人相同，在符合法定条件情形下，可以依法解除行政协议。但行政协议的订立系基于行政管理或者公共服务目标，行政协议的解除将导致订立目的无法实现，可能损害社会公共利益或其他合法权益。因此，行政协议所具有的行政性特征，决定了协议相对人不能通过其单方行为使有效的行政协议失去法律效力。与民事合同当事人不同，协议相对人在符合法定解除情形下，通常也不能直接通过单方通知行政机关方式解除行政协议，而需要进一步寻求法定救济路径，《行政协议司法解释》第十七条规定对此予以明确。人民法院在审理诉请解除行政协议案件时，应当重点审查行政协议是否符合法定的解除条件，以及行政协议解除后是否对其他合法权益尤其是社会公共利益造成损害。对法定解除条件的认定，可以参照适用有关民事合同法律规范。对国家利益、社会公共利益的认定，应当参照适用行政诉讼法第七十四条第一款第一项规定中“国家利益、社会公共利益”的认定标准，不能简单将行政机关的利益与之等同。行政协议的解除将依法产生相应的法律后果，解除的时间对行政协议当事人的权利义务具有直接影响。因体量篇幅所限，《行政协议司法解释》并未对行政协议解除的时间进一步作出规定。本案对此进行了有益探索，即参照民事合同解除诉讼的法律精神，确定一审法院向行政机关送达诉状及应诉通知书之日起解除。

8. 宁某某诉甘肃省定西市安定区住房和城乡建设局房屋征收补偿安置协议案

基本案情

2013 年 10 月，甘肃省定西市安定区住房和城乡建设局（以下简称安定区住建局）下设的凤翔镇征收办（甲方）与被征收人宁某某（乙方）订立《房屋征收补偿安置协议》（以下简称《补偿安置协议》），约定甲方向乙方提供六套房屋（待建）作为安置补偿，乙方如不能按照协议约定的期限腾空并交付被征收房屋，每逾期一日应向甲方承担 1000 元的违约金；产权调换房屋在竣工验收后 10 日内交付，施工期自开工建设之日不得超过 15 个月（有效施工天数），甲方如不能按照协议约定的期限交付产权调换房屋，每逾期一日应向乙方承担 1000 元的违约金。2013 年 11 月，宁某某将被征收房屋交给征收部门。定西某房地产开发有限公司系上述安置房屋的建设单位，分别于 2015 年 7 月、2016 年 10 月向宁某某交付两套房屋，其余四套房屋一直未交付。宁某某遂提起诉讼，请求判令安定区住建局立即交付《补偿安置协议》约定的四套房屋；如在判决生效后不能立即交付上述四套房屋，则按市场价赔偿，并承担自2015年2月9日起按每日1000元计算至房屋实际交付之日的违约金。

裁判结果

兰州铁路运输法院一审认为，《补偿安置协议》合法有效，双方应全面履行。安定区住建局未按照协议约定按期向宁某某交付安置房屋，应当承担违约责任。《补偿安置协议》的违约金条款约定不明确，且约定的违约金明显高于宁某某的实际损失，应当以实际损失即安置房屋可以产生的收益计算。一审法院遂判决：一、安定区住建局于判决生效后三十日内向宁某某交付已经竣工的三套房屋（具体略），对于尚未竣工的房屋，由安定区住建局用同等位置、相同面积的房屋给予置换，差价按《补偿安置协议》执行。二、安定区住建局于本判决生效后三十日内向宁某某支付违约金21,000元。宁某某不服，提起上诉。

兰州铁路运输中级法院二审认为，根据《补偿安置协议》相关内容和双方交接第一套房屋时宁某某提交的申请，六套安置房屋分属两个住宅小区不同楼宇，分别以各楼宇开工建设之日计算施工期限及交付期限，符合订立协议时当事人明知的范围和真实意思，宁某某主张六套安置房屋一次性同时交付的主张不能成立。关于违约金数额的确定，《补偿安置协议》约定，交付产权调换房屋，每逾期一日应向宁某某承担1000元的违约金。该约定的违约金明显过高，依法可予以调整。调整违约金应以实际损失为基础，兼顾合同的履行情况、当事人的过错程度以及预期利益等综合因素，根据公平原则和诚实信用原则予以衡量。本案中，房屋所在区域房屋价格呈上涨趋势，迟延交付不存在交易机会丧失带来的价格损失。以房屋租金收益计算损失，较为客观合理。关于房屋迟延交付的租金收益损失，既要考虑房屋所在区域租金水平，也要考虑房屋达到相应租金水平尚需出租人装修投入等成本因素，还要考虑适度体现违约金的惩罚功能，结合双方在庭审中陈述的房屋所在区域的租金水平，确定以每平方米每月10元的租金收益损失计算违约金。二审法院遂判决：一、撤销一审判决第一项、第二项。二、安定区住建局向宁某某交付剩余四套房屋。已竣工的三套房屋限于判决后10日内履行，尚未竣工的一套房屋限于2020年10月31日前履行。三、安定区住建局向宁某某支付违约金84,993元（计算明细详见清单），限于判决后10日内履行。四、自2019年12月31日起，安定区住建局向宁某某每月支付违约金1006元，当月月底前付清，至判决确定的未竣工房屋履行期内的实际交付之日（实际交付之日计期不足一月的，按一月支付）。

典型意义

在履行行政协议过程中，协议当事人对协议约定的内容发生争议的，可能有两类情形：一是约定明确，但当事人之间的理解存有分歧；二是约定不明确，当事人之间事后亦无法达成合意。基于行政协议的行政性与协议性双重属性，协议当事人对协议内容的理解发生争议的，应当按照先行政、后协议的顺序进行认定。有效规范性文件对争议的内容已作出明确规定的，按照该规定确定争议内容的含义；有效规范性文件未作出明确规定、属于协议当事人合意范围的内容，则可以参照民事合同法律规范关于意思表示解释的法律规则，即按照协议所使用的词句，结合相关条款、协议的目的、习惯以及诚信原则等确定争议内容的含义。根据前述方法仍无法确定争议内容含义的，则属于协议约定不明的情形，可以由协议当事人达成补充协议，达不成补充协议的，则可以参照民事合同法律规范关于合同约定不明确时履行的法律规则确定争议内容的含义。本案中，协议当事人之间对合意的事项即产权调换的六套房屋是否一次性交付发生争议，人民法院即根据前述法律规则，认定宁某某在其订立协议时对产权调换房屋非一次性交付已有预期且属明知，并在此基础上计算行政机关所应承担的违约责任。行政机关不依法依约履行行政协议约定义务，给协议相对人合法权益造成损失的，从行政性角度应当承担行政赔偿责任，从协议性角度应当承担违约责任。但无论何种角度，二者所遵循的法律精神并无不同，即应当弥补协议相对人遭受的损失。其中，损失包括已经发生的利益减损以及协议履行后依法可以而未获得的利益，民法典、新修改的行政赔偿司法解释对此亦予以明确。协议约定的违约金低于或者过分高于造成的损失，当事人请求按照损失的标准进行调整的，人民法院依法可以支持。本案中，人民法院认定约定的违约金计算标准明显超出给协议相对人造成的损失，按照损失填补原则，确定以房屋租金收益为计算标准，更符合违约责任或行政赔偿责任的法律精神。

9. 韩某某诉辽宁省锦州市松山新区国有土地上房屋征收办公室不履行预征收行政协议案

基本案情

辽宁省锦州市松山新区国有土地上房屋征收办公室（以下简称松山征收办）发布《政协周边房屋征收补偿实施方案征求意见稿》，明确该地段采取预约式征收方式，征收人与被征收人订立附生效条件的预约式补偿协议，在规定的时间内预签约比例达到70%以上，所订立的房屋征收补偿安置协议生效，该地段正式征收。韩某某与松山征收办订立《国有土地上房屋征收产权调换安置预签约协议书》（以下简称《预签约协议》），对搬迁费、临时安置费、附属物补偿等作出约定，并约定安置回迁住宅，协议第七项规定，“本协议在预签约达到____%时即生效”。《预签约协议》订立后，因未达到70%签约条件，该地段未进行征收。韩某某提起本案诉讼，请求松山征收办履行《预签约协议》，并赔偿其各项经济损失。

裁判结果

辽宁省锦州市太和区人民法院一审认为，《锦州市国有土地上房屋征收与补偿办法》第十七条规定，因旧城区改建需要征收房屋的，作出房屋征收决定前，房屋征收主管部门可以组织被征收人根据预评估结果、征收补偿方案，预先订立附生效条件的补偿协议。市、区人民政府可以根据预签协议的签约比例决定是否作出房屋征收决定。预签协议的签约比例由市、区人民政府确定。韩某某与松山征收办订立的《预签约协议》属于附生效条件的协议，虽然协议内容中没有约定预签约比例，但是在《政协周边房屋征收补偿实施方案征求意见稿》明确了签约比例应达到70%，因该条件未成就，《预签约协议》未生效。一审法院遂判决驳回诉讼请求。韩某某不服，提起上诉。

辽宁省锦州市中级人民法院二审认为，辽宁省锦州市松山新区管理委员会发布的《政协周边房屋征收补偿实施方案》，明确该地段采取预约式征收方式，该方案以公告的方式发布，对所有被征收人具有法律效力。房屋征收补偿的预签协议的签约比例已经确定为70%，可以作为本案争议的补偿协议行为的依据。经查明，预签协议的实际签约比例应为25.4%。因此，《预签约协议》在规定的时间内预签约比例未达到70%，该协议未生效。二审法院遂判决驳回上诉，维持一审判决。

典型意义

为了更好地实现行政管理或者公共服务目标，在不与法律规定相冲突的前提下，行政协议当事人可以约定行政协议的生效条件。如新修改的土地管理法所规定的行政机关与拟征收土地的所有权人、使用权人就补偿、安置等订立的协议，属于典型的附生效条件的行政协议。本案所涉国有土地上房屋征收补偿协议，亦属于此类行政协议。实践中，对于协议相对人就生效条件尚未成立的行政协议提起行政诉讼的，人民法院应当如何处理存在不同观点：一是以行政协议对协议相对人权利义务尚未产生实际影响为由裁定驳回起诉；二是依法认定生效条件不成立时判决驳回诉讼请求。由于生效条件是否成立需要进行实体审查，且协议相对人提起的诉讼请求可能并不直接涉及生效条件是否成立，人民法院依法予以受理可以提前定分止争，获得更佳的裁判效果，因而本案采取了第二种观点。协议当事人之间可以协商约定生效条件，以明示或默示方式体现在行政协议之中均可。本案中，生效条件虽未直接明确地写入补偿协议之中，但因补偿方案对生效条件作出明确规定，且其系订立补偿协议的主要依据，可以推定协议当事人知晓且认可补偿方案规定的补偿协议生效条件。对于此类案件，人民法院应当重点审查所约定的生效条件是否违反法律规定、生效条件是否成立、生效条件未能成立是否具有归责于协议当事人的原因等。对于因不具备生效条件而不具有效力的行政协议，协议当事人要求履行协议权利义务的，人民法院可以依法判决驳回诉讼请求。

10. 成都某商贸有限公司诉四川省成都市温江区规划和自然资源局行政决定案

基本案情

2017 年 5 月 9 日，原四川省成都市温江区国土资源局（以下简称原温江区国土局）因与成都某商贸有限公司（以下简称某商贸公司）建设用地使用权出让合同纠纷向四川省成都市温江区人民法院（以下简称温江区法院）提起民事诉讼，要求某商贸公司支付因违反双方订立的国有土地使用权出让合同（以下简称案涉合同）约定而产生的违约金及利息。温江区法院经审理后判决驳回了原温江区国土局有关违约金的诉讼请求，该民事判决已于 2018 年 6 月 21 日生效。2018 年 11 月 5 日，原温江区国土局作出温国土资发（2018）366 号《决定书》，以作出行政决定的方式决定对某商贸公司追缴民事诉讼中未予支持的违约金。某商贸公司遂提起行政诉讼，请求撤销《决定书》。

裁判结果

四川省成都市郫都区人民法院一审认为，原温江区国土局作出的《决定书》系要求某商贸公司履行案涉合同中支付违约金的义务。对于 2015 年 5 月 1 日修改的《中华人民共和国行政诉讼法》施行之前形成的该类合同，按照当时的法律规定可以纳入民事纠纷的范畴。对于应当加收的违约金，原温江区国土局作为责任主体能够通过民事诉讼的方式予以实现。案涉合同为原温江区国土局与某商贸公司于2013年1月9日协商达成，合同履行中是否存在违约行为，应否承担违约责任，可以通过民事诉讼主张权利。原温江区国土局已就逾期缴纳土地出让价款的违约金纠纷提起了相应的民事诉讼，并被温江区法院作出生效判决所羁束。因此，原温江区国土局再行作出《决定书》追缴违约金于法无据。一审法院遂判决撤销《决定书》。原温江区国土局不服，提出上诉。

四川省成都市中级人民法院二审认为，案涉合同订立于2013年1月9日，按照当时的法律规定，对于国有土地使用权出让合同可以提起民事诉讼进行救济，原温江区国土局已经就本案违约金争议选择通过民事诉讼方式进行救济，人民法院作为民事合同纠纷进行受理并已作出生效的驳回民事判决。为避免逻辑和后续救济实现路径的混乱，同时为维护生效裁判的既判力，应当认定原温江区国土局就生效裁判已经驳回的事项作出行政决定，缺乏事实根据和法律依据。据此，二审判决驳回上诉，维持一审判决。

典型意义

司法实践中，就某一协议或者合同属于行政协议抑或民事合同，可能出现较大争议。但无论协议的属性如何，由此引发的争议均属于人民法院的受案范围。由行政诉讼抑或民事诉讼审理，仅涉及人民法院的内部分工，人民法院不能拒绝裁判，也不能重复处理。《行政协议司法解释》第八条规定，民事生效法律文书确认涉案协议不属于民事诉讼受案范围，当事人提起行政诉讼的，人民法院应当依法受理，避免出现人民法院因对内部分工的认识不同而拒绝裁判的现象。行政协议诉讼因其进行合约性以及合法性双重审查，可以解决协议的合意纠纷。若民事诉讼与行政诉讼均认为涉案协议不属于其受案范围，民事诉讼已经作出不予受理的生效法律文书的，行政协议诉讼应当予以受理，而非不予受理并告知当事人就民事生效法律文书申请再审。与此同时，避免重复处理亦属于人民法院应当遵循的诉讼规则。若民事诉讼与行政诉讼均认为涉案协议属于其受案范围，其中一种诉讼类型已经作出生效法律文书的，另一种诉讼类型应当予以尊重而不能重复处理。以本案为例，在民事诉讼已就涉案合同争议作出实体生效判决，合同当事人应当予以尊重并依法执行。作为合同当事人一方的行政机关再就同一争议事项以行政决定方式，作出与生效民事判决相冲突的结论，人民法院依法不予支持。